Lève la tête, mon frère!
est le cinquante-cinquième ouvrage publié aux Éditions du Québécois
et le vingt-cinquième dans la collection « Essais pour un Québec libre »
dirigée par Pierre-Luc Bégin.

Éditions du Québécois
C.P. 21022
755, boulevard René-Lévesque
Drummondville, Québec
Tél. : 819-850-8323
www.lequebecois.org

Réalisation de la couverture : Cocorico Communication

Photographie de la couverture : Carl Valiquet

Traitement de la phographie de la couverture : Forg

Suggestions de classement :

Bégin, Pierre-Luc (1979–) et Leriche, Manon (1960–)
　　　Lève la tête, mon frère!

Essai québécois – Autonomie et mouvement indépendantiste

Distributeur : PROLOGUE

Diffuseur :
DLL Presse Diffusion
1650, boulevard Lionel-Bertrand
Boisbriand, Québec
J7H 1N7
(450) 434-4350
www.dllpresse.com

ISBN 978-2-923365-54-1

Dépôt légal – Bibliothèque et Archives nationales du Québec, 2016
Dépôt légal – Bibliothèque et Archives Canada, 2016

Collectif sour la direction de
Pierre-Luc Bégin et Manon Leriche

Lève la tête, mon frère!

Hommage à Pierre Falardeau

Éditions du Québécois

La moindre des choses

Un livre hommage à Pierre Falardeau? Ça s'imposait. Mais il en aurait sans doute été gêné, le grand timide!

Je crois que Pierre n'a jamais vraiment réalisé à quel point il était un modèle et une inspiration pour des milliers et des milliers de Québécois de toutes origines, de toutes conditions, autant comme artiste qu'en tant que militant politique. Et pour tous ceux qui l'ont connu, Pierre a été un ami extraordinaire, généreux, sensible et profondément humain. Pour moi, l'idée d'un livre hommage est donc apparue rapidement après son décès survenu le 25 septembre 2009.

Il faut dire que la famille de Pierre et l'organisation du Québécois ont presque été inondés de messages de sympathie au lendemain de la mort de Falardeau, sans compter tout ce qui s'est publié dans les journaux. De superbes et touchants messages provenant de partout et de toutes sortes de monde : militants, ouvriers, artistes, intellectuels, jeunes, vieux… Assez tôt, Manon Leriche (sa compagne) et moi avons convenu de faire quelque chose de ces émouvants messages. Et, pour moi, il fallait que je trouve une façon de rendre hommage à Pierre, qui fut un si précieux ami. C'était la moindre des choses. L'idée de regrouper en un recueil certains de ces textes rédigés au moment du décès de Pierre m'est donc venue assez rapidement. Mais quels textes choisir?!

J'ignore si nous avons fait de bons choix et j'espère que personne ne sera froissé de ne pas retrouver son texte dans ce recueil. On a reçu tellement de messages et de textes, tellement de choses ont été publiées sur Pierre à l'époque de sa mort : impossible de tout reprendre ici. Nous avons donc fait le choix de refléter la diversité des personnes qui ont témoigné de leur respect pour Pierre lors de son décès : artistes, politiciens, militants, amis, parents, jeunes, vieux, inconnus, personnalités publiques… Nous avons en outre choisi d'enrichir cet ouvrage de textes publiés du vivant de Pierre ainsi que d'autres textes écrits plusieurs mois, voire plusieurs années après son départ. De cette façon, montrer que la mémoire de Pierre doit s'inscrire dans le temps, en quelque sorte. Nous avons aussi voulu publier des textes divers : lettres personnelles, lettres publiques, courts messages de sympathie, analyses de son œuvre, communiqués de presse, motion à l'Assemblée nationale, chanson, etc. Et d'autres formes d'hommage encore en annexe. Il y en a vraiment pour tous les goûts.

J'ignore cependant si ce recueil a de grandes qualités littéraires. En tout cas, les textes qui le composent nous sont apparus magnifiques, tantôt par leur charge émotive, tantôt par la pertinence de leur analyse de la vie et de l'œuvre de Pierre. Des textes qui pèsent leur poids de larmes, comme aurait dit Pierre, et des textes qui vont dans les profondeurs de sa vie et de son œuvre. Ça, je pense bien que Falardeau aurait aimé. En fait, je pense que sa réaction aurait été : « C'est intéressant, sauf que c'est gênant... Si tu penses que c'est bon pour l'indépendance, fais-le! ». Eh bien, c'est fait. D'ailleurs, merci à tous ceux qui ont accepté que leur texte soit ici publié, et merci aussi à tous ceux qui ont rendu hommage à Falardeau et dont l'hommage, hélas, ne se retrouve pas dans ce livre. Je peux vous dire que la famille et les proches de Falardeau ont apprécié chacun des messages reçus. Et merci justement à la famille d'avoir participé à ce projet, particulièrement à Manon qui a dû revivre le départ de son Pierre à travers ce livre.

Pierre aurait été gêné, sans doute, par tant d'hommages. Mais il les aurait acceptés, je crois. Pierre était toujours partant quand venait le moment de poser un geste pour son peuple ou pour son pays. Et ce recueil, je le vois ainsi : non seulement s'agit-il d'un hommage à Pierre, d'un essentiel devoir de mémoire envers lui et son œuvre, mais il est aussi une autre de ces pierres à ajouter à l'édifice de notre libération nationale. Ou plutôt, pour reprendre encore une fois des mots du cinéaste : voilà une pierre de plus dans notre Intifada à nous. Dans notre lutte sans fin pour la liberté. Pierre par pierre.

Une simple pierre, oui. Une modeste pierre. Mais une pierre importante. Une pierre nécessaire. La moindre des choses, pour toi, Falardeau, mon ami. Mon frère. On ne t'oubliera jamais.

Bonne lecture.

Pierre-Luc Bégin
Directeur
Éditions du Québécois

N.B. Les notices de présentation des textes et des auteurs ont été écrites par l'éditeur en collaboration avec Manon Leriche.

L'auteure, Manon Leriche, était la conjointe de Pierre Falardeau. Elle est la mère de leurs trois enfants. Texte écrit en 2012 (inédit).

Préface

« Je t'écris pour te dire que je t'aime »
(Gaston Miron)

Pierre, mon amour,

Avoir la certitude que je me retrouverais blottie dans tes bras, je m'empresserais d'aller te rejoindre sous terre... Depuis des mois et des mois que je réfléchis à cette lettre et que je repousse le moment de l'écrire. Maintenant que tu n'es plus là, je ne sais plus si je dois me rappeler tous ces délicieux moments passés ensemble, ce qui me fait souffrir puisque c'est fini, ou nos derniers instants remplis d'angoisse et de résignation parce qu'on arrivait à la fin de quelque chose. Tout ça m'oppresse jour après jour. Ça doit être ça le deuil.

Mon éditeur, un de tes anciens « tortionnaires de l'écriture » comme tu disais, me demande une préface au livre en ton hommage. J'avoue que je n'ai pas trop envie de sortir ce qui bouillonne dans ma tête et mon cœur. En fait, peut-être serais-je libérée après, comme pour un accouchement? Toi, tu aurais dit que pour s'écrire, il fallait sans doute être éloignés l'un de l'autre. Ce que nous n'avons pratiquement jamais fait en 27 ans. Maintenant c'est vrai que nous ne sommes plus ensemble depuis trois ans déjà... Comme le temps passe. Pourtant, je suis toujours avec toi par tes écrits, tes films, tes milliers d'entrevues dans les médias, tes « fans » qui m'arrêtent sur la rue pour me parler de toi. Tes idées que tu défendais et qui m'habitent. Tes enfants qui te ressemblent, pas seulement physiquement. Tes amis qui prennent un peu soin de moi. Ton combat politique, qui m'oblige à me positionner et à agir. Avant, je t'appuyais et t'encourageais en demeurant un peu dans ton ombre, ce qui m'arrangeait.

Pour essayer de pondre ce texte, je suis dans ta campagne que tu chérissais tant. À l'ombre de tes arbres, il y a un vent très doux, du soleil, j'entends tes oiseaux, tes écureuils, je pense à tes chevreuils que tu avais si hâte de chasser à l'automne. Le soir, je fais un feu, moins bien que toi c'est sûr, mais il réchauffe quand même. Toi qui aimais tant bûcher et corder ton bois et faire du feu comme nos ancêtres et comme toutes les peuplades du monde, autrefois. Toi, l'anthropologue, qui aimais tant la vie, j'espère que tu es bien où tu es.

Bon, si j'essayais de parler du livre en ton hommage... Toi qui détestais les honneurs, m'en voudrais-tu? On a dit de toi que tu étais timide, que tu t'intéressais toujours à l'autre, que tu écoutais beaucoup plus que tu ne parlais, que tu laissais toute la place à ces gens du peuple que tu aimais et que, quand tu prenais la parole, c'était pour défendre la majorité silencieuse. Sache qu'après ta mort, il y a eu de si beaux témoignages à ton endroit qu'il fallait les réunir dans un livre pour ne pas les perdre et pour se rappeler aussi. Des textes d'auteurs chevronnés que tu admirais, d'amis, de ta famille, de militants et de Québécois de tous les milieux. Tu en aurais sûrement été fier, mais gêné. Ce livre comporte aussi des réflexions et des analyses de ton œuvre. Toi, ta pensée, ton œuvre et ta vie ne faisiez qu'un. Cela donne une espèce de biographie écrite à 40 mains. J'avoue que beaucoup de ces textes me broient encore le cœur. Quand on dit que le temps arrange les choses, ça doit être plus que trois ans. Mais en même temps, on arrive à rire! C'était une de tes grandes forces : nous faire rire et pleurer à la fois.

Pour terminer, je continue de te parler « à toi Pierre ». J'espère que je ne suis pas trop indécente. Je me demande sans cesse si tu aurais voulu ceci ou cela? Si je te trahis ou non? J'espère que non. Je fais du mieux que je peux. Les gens me posent aussi beaucoup de questions depuis ton départ, sur ce que tu aurais dit ou pensé… Je peux imaginer tes idées ou réactions, puisque je te connaissais bien, mais je n'ai pas vraiment de réponses. Par exemple, es-tu content que le Parti québécois soit revenu au pouvoir? Et « pour la suite du monde », as-tu une date pour notre indépendance?

J'arrête ici ma lettre.

Les enfants vont bien! Tu serais fier d'eux! Nous mangeons à notre faim. Nous pouvons payer les comptes. Nous rions malgré tout et la vie continue. « Nous demeurons dans la beauté des choses » (Louis Aragon).

Je m'ennuie de toi! Je t'embrasse partout!

Je t'aime!

Manon

L'auteur a été cinéaste, réalisateur pour la radio, poète et dramaturge. Il est considéré comme l'un des plus grands cinéastes de l'histoire du cinéma québécois. On lui doit notamment les films Pour la suite du monde *(avec Michel Brault),* Un pays sans bon sens! *et* La Bête lumineuse. *Ci-dessous une lettre à Pierre Falardeau écrite le 13 décembre 1993, entre la sortie du* Temps des bouffons *et celle d'*Octobre. *Les soulignements sont de l'auteur.*

À Pierre Falardeau

Je vois que tu rencontres plus souvent les journalistes par les temps qui courent que le commun des mortels dont je fais partie...
et tant mieux pour *Le Temps des bouffons*...
et tant mieux pour *Octobre*...

Pour ma part, les journalistes ne pensent à moi que pour que je leur parle de toi...
et tant mieux pour Cyrano qui prend quand même un peu de son temps pour me poster deux textes...

Deux textes dont j'ai apprécié la langue même si je n'ai pas compris toutes les allusions : qui est donc ce Chose qui est mort et consacré par les <u>larmes télévisuelles</u>? J'ai reconnu évidemment le célèbre cinéaste? Tu as la dent dure et non limée! Il me semble que tu parles en <u>désespoir de cause</u>, toi aussi, <u>pour des raisons de pays</u>, comme si <u>l'histoire t'avait chié dans les mains</u> (il m'arrive à moi aussi d'être exaspéré mais tout se passe comme si je n'avais plus envie de vitupérer) : mais ils ont compris.

<u>Que les sentences des balles</u>
<u>donnent des ailes</u>
<u>aux idées qu'on voulait</u>
<u>réduire au silence</u>

Aussi bien nous ont-ils placé parmi les droits communs se réservant Laporte. Ils ont leur martyr dont ils nomment les ponts. Nous ils nous laissent tremper dans notre jus. Je ne sais plus qui mordre. Je me tais. Un jour cela t'arrivera. Profite du temps qui te reste. Tu es la relève de l'âme rebelle. Cela m'enchante. Moi je dois me taire car ma parole n'a plus de poids. Mais ils sont malins. Ils sauront peut-être te rendre inoffensif. Même si tu refuses leurs médailles.

Je t'ai reproché, l'autre jour, ta façon de parler. Je le regrette. Elle est récupérée par ta façon d'écrire. Par ton commentaire sur les bouf-fons, ton texte sur la bêtise est extrêmement efficace. Comme si cette langue verte qui t'arrive de l'oral décuplait dans l'écriture. Je retire mes bons conseils.

Mais je me permets de t'envoyer copie d'un petit texte discret, inaperçu, qui a été publié à la dernière page du livre Ferretti-Miron intitulé Les grands textes indépendantistes. Je n'entre pas dans la clandestinité mais je justifie mon silence. Le silence de l'afficheur en somme. Il me semble que nous tenons un peu le même discours. Mais le tien est plus efficace. Tu tiens le bon bout. Profites-en. Ça peut ne pas durer.

Amitiés... en toute québécoisie

l'autre Pierre*
le vieux, le dépassé

*Pierre Perrault

L'auteur a été ministre des Finances, chef du Parti Québécois et premier minis-
tre. Il a également été ministre de la Culture et des Communications lors de son
mandat de premier ministre. C'est à ce titre qu'il a fait parvenir ce message à
Pierre Falardeau lorsque celui-ci obtint une récompense pour le film Octobre.

Message du premier ministre

Québec, le 7 mars 1995

À l'intention de monsieur Pierre Falardeau

J'ai été très heureux d'apprendre que votre film *Octobre* avait été couronné par le prix L.-E.-Ouimet-Molson aux Rendez-vous du cinéma
québécois.

À l'hommage qui vous a été rendu par le milieu du cinéma je tenais
à ajouter mes félicitations personnelles et celles de nos concitoyens
et concitoyennes du Québec. Votre travail, votre engagement envers
le cinéma de langue française méritent toute notre admiration et
notre fierté.

Je souhaite que cette récompense vous soit un encouragement à
poursuivre encore longtemps dans le difficile métier qui est le vôtre,
mais dont l'apport est essentiel à l'essor de la société québécoise.

Je vous prie d'agréer, Monsieur, l'expression de mes sentiments les
meilleurs.

Le ministre de la Culture et des Communications,

Jacques Parizeau

L'auteur a été militant du Front de libération du Québec. Il a été au coeur de la crise d'Octobre, qu'il a relatée dans son livre Pour en finir avec Octobre, *dont s'est inspiré Pierre Falardeau pour son film* Octobre. *Il a aussi collaboré avec Falardeau pour le film* Le Party. *Le texte qui suit a été écrit en 2004 en guise de postface au livre* Québec libre! Entretiens politiques avec Pierre Falardeau *(Éditions du Québécois).*

Merci Falardeau

« Tout le monde fait comme si. L'avilissement
est à tel point que même la révolte naturelle des
offensés n'est pas comprise. Nous avons encore
le nom d'hommes. Mais nous avons perdu le
plus élémentaire des attributs humains :
la capacité d'indignation. »

– Miguel Torga
Comment résister? En résistant!

Je vais être bref. Et je suis bien aise si vous ne lisez pas les quelques lignes qui suivent. Que rajouter à la parole de Falardeau? Que dire de plus? J'avoue même être plus ou moins à ma place ici. Quand Pierre-Luc m'a demandé un texte pour ce livre, j'ai dit oui, immédiatement, sans réfléchir. Je dis toujours oui quand il s'agit des gens que j'aime. Après... j'me demande ce que j'ai fait là! Pourquoi j'ai accepté? Et ce n'est pas parce que j'ai des critiques à faire, des nuances à apporter, des points desquels j'aimerais me dissocier. J'approuve tout! Je seconde tout!

« En quoi la pensée de Falardeau est importante pour le Québec? ». Question qui mériterait un talent, une plume, plus « subtile » que la mienne. Et la réponse n'est-elle pas, simplement, dans la parole de Falardeau?

Mais j'ai dit oui.

D'abord il y a une pensée. Enfin! Cohérente, articulée, affirmée. Et quoi qu'on dise, la chose est de plus en plus rare. Donc, de plus en plus nécessaire, urgente. Que d'insignifiances, pompeusement affublées du terme d'« essai », qui puent la peur, la lâcheté, la petitesse. Que d'étalages de niaiseries, estampillées universitaires, inodores, incolores, insipides. Que de proses auto-étiquetées progressistes et qui ne sont que mots de pouvoir.

Le temps est à l'argent. Et l'argent n'aime pas ceux qui pensent.

Cette pensée est faite de rage, d'indignation et de colère. D'amour de la liberté, de la vie, du pays et de ceux qui l'habitent. La Patrie, l'honnêteté, l'amitié. Une pensée de conviction. Et cette pensée, Falardeau ose l'exprimer, l'écrire, la filmer, la crier. Au grand jour. De face. Sans l'aide de personne.

Mesure de leur mauvaise conscience, nos petits, ne voulant pas débattre, ont préféré attaquer l'homme. Inventer le personnage. Un gueulard. Un chiâleux. Un jamais content. « Il joue un rôle. Et de plus, il sacre et il fume! ». Un bouffon!

Nos intellectuels sont terrorisés par l'image qu'ils laisseront à la postérité. Ils n'aiment qu'eux-mêmes. Valets serviles du Prince qui les nourrit, ils « n'ont pas le courage de leur propre opinion et de concessions en concessions, ils finissent par ne plus avoir d'opinion du tout. Ce sont des pantins. Ils tournent aux vents de la mode, justes parmi les justes compagnons d'une même peur ». (Encore Torga. Courez acheter ou emprunter *En chair vive. Pages de Journal 1977-1993*, Éditions José Corti, 1977.)

C'est une pensée brute. Sans cravate, ni bouton de manchettes. Sans désodorisant pour d'sour de bras. Faite pour vivre, pas pour plaire. Qui nomme les choses comme elles doivent être nommées : Colonialisme, Impérialisme, Dépendance, Indépendance. Une pensée progressiste, car continuellement traversée par l'amour des mains calleuses, des salopettes de travail de ceux qui bâtissent le Pays. De ceux que, de façon méprisante, on appelle les petites gens, le monde ordinaire. Une pensée progressiste qui refuse toute orthodoxie.

Que nous dit Falardeau? Que la liberté est le bien le plus précieux. Une lutte. Un devoir. Une quête. Jamais totalement acquise. Toujours à reconquérir, à assumer, à défendre. Qu'il n'y a aucun plan de tracé, aucun guide déjà écrit pour l'acquérir. Qu'elle a un prix. Qu'elle est faite de tâtonnements, d'erreurs, d'échecs, de solitude. Que cette recherche de la liberté est le sens même de la vie.

Que la quête de liberté individuelle est un leurre si elle n'intègre pas celle de la liberté collective. Celle du Pays. De la Patrie. Comment être libre, respecté, si le peuple, le monde qui est le nôtre, qui fait que nous sommes ce que nous sommes, n'est pas libre, respecté. N'est pas le maître de son destin. Penser le contraire, c'est se trahir. Trahir. Se mentir. Mentir. Des chaînes, mêmes dorées, sont toujours des chaînes.

Que le Québec est notre pays. Qu'il n'est pas libre. Que l'indépendance est à faire. Que tous les discours, et peu importent les « ismes » qu'on leur accole, qui ne tiennent pas compte de cette nécessité ne font que le jeu de ceux qui nous dominent. Ne peuvent conduire qu'à des échecs, des culs-de-sac. (Si Marx demeure, à mon avis, le meilleur analyste du capitalisme, il s'est totalement fourré en disant que les prolétaires n'avaient pas de pays).

Falardeau nous dit qu'il ne peut y avoir de liberté sans mémoire. Sans histoire. Sans pérennité. Que ceux qui profitent de notre asservissement, l'entretiennent, toujours commencent par la nier, la diminuer, la ridiculiser. Qu'il n'y a pas de liberté possible dans la honte de nos pères.

1760, De Lorimier montant avec courage à l'échafaud, le petit abbé Groulx qui devait en avoir une paire grosse comme ça en d'sour de sa soutane, les hommes et les femmes qui depuis les années '60 se battent pour notre libération nationale, sont notre présent. Parler de ces gens, ce n'est pas parler du passé, entretenir de la nostalgie, être dépassé, au contraire. C'est reconnaître simplement ce que nous sommes aujourd'hui. Qu'on le veuille ou non. Qu'on en soit conscient ou non.

Ça prend du temps devenir un fils. Longtemps on se méprend. On se trompe. On refuse. Puis en vieillissant, on retrouve des gestes, des attitudes, des comportements...

J'arrête ici. Je vais à la pêche avec mon père. Merci Falardeau.

Francis Simard

L'auteur est professeur de littérature au collégial et écrivain. Texte publié dans le journal Le Québécois *en 2004.*

Lettre à Pierre Falardeau

Salut Falardeau. J'arrive tout juste du Salon du livre. J'avais pas encore lu la dédicace que tu m'avais écrite, quand j'ai acheté ton bouquin, au stand des Éditions du Québécois. Et là je l'ai lu, ton p'tit mot. Il ne m'étonne guère. Et il me réconforte, d'une certaine façon. Je voulais juste te dire ça.

Au Salon du livre, t'avais pas ton éternelle cigarette au bec. Juste un grand *smile*, comme tu l'disais si bien, au sujet de Brel. Tu te rappelles de cette anecdote, à propos de Brel? Il était arrivé avant-dernier dans un concours de chanson auquel il participait, dans son jeune temps. Photographié avec les autres, au terme de ce tournoi de futures vedettes, son immense sourire au dentier chevalin. Jacques Brel.

Eh bien Brel me fait penser un peu à toi, mon Falardeau. Des débuts plutôt difficiles, certes. Mais une fois que c'est parti, accroche-toé bin après ta tuque!

Je te regardais tout à l'heure, avant que ce soit mon tour de faire signer ton livre, et c'est drôle, je pensais à ton passage à l'émission *Bouillon de culture*... T'étais en compagnie de Neil Bissoondath et tout ça. Tu fumais tes clopes, plongé dans ta bulle... Et cette timidité qui te prend toujours par surprise, dès les premières minutes où tu te retrouves de l'autre côté de la caméra... Falardeau.

Et puis tu ouvres la machine. L'interview débute... Et ça commence. Comme un joueur de football en train de se réchauffer, un samedi matin, sur le terrain de foot... Encore un peu endormi dans la fraîcheur surprenante d'octobre... et qui tout à coup se donne un élan.

Falardeau, le numéro 14 des Lions du Collège de Montréal, qui prend son *swing* et qui court, à toutes jambes, comme Kerouac devait courir de toutes ses forces sur le terrain de football de

Lowell... Ton adolescence, au pensionnat... Ton équipe... Le numéro 14... Pas le plus *beef* d'la gang, mais tout d'même. Du cœur au ventre. Et qui s'disait : on *peut* gagner... On *va* gagner.

« Nous vaincrons ». C'est ça que tu m'as écrit en troisième page de ton livre, mon Falardeau. Et ça me donne le goût d'y croire. Parce que vois-tu, moi, la façon dont j'vois cette *game*-là, c'est que les dés étaient pipés, tu comprends? La partie, elle était arrangée d'avance. Les jeux de pouvoir d'Ottawa, les *power play* de toute la câlice de gang d'hommes d'affaires qui ont décidé froidement de notre sort, à nous, entre deux bières chez Paré et un *dinner-dance* au Canadian Club, qu'est-ce que j'peux faire, moé, ti-cul, quand c'est l'gros *cash* qui décide? Qu'est-ce qu'on peut faire quand on a l'*frame* d'un dix vitesses, pis qu'y faut qu'on se mesure au Lincoln Continental de la haute finance? J'me dis des fois (trop souvent, je te l'avoue), on n'y arrivera pas... Après des crosses comme y'a eu au référendum, tout le beurrage de fric pour soutenir le camp du Non, qu'est-ce qu'on peut faire?... qu'est-ce qu'on peut faire...

Le dire. C'est ça qu'y faut faire. À voix haute. Même si l'adversaire a dix fois plus de moyens qu'on en a. Même s'il faut se relever à chaque coup bas qu'on subit. Le dire. Et se tenir debout. Droits, et debout. Avec le sourire et l'opiniâtreté de ceux qui vont toujours continuer, et qui ne capituleront pas.

Je vais lire ton livre, *Québec libre!*, publié par un de mes anciens élèves, Pierre-Luc Bégin, un brave gars qui semble ne pas trop m'en vouloir de l'avoir écœuré avec les lectures obligatoires et la rédaction d'analyses littéraires, dans l'temps où il avait les cheveux longs. Quel chemin parcouru, depuis l'époque où Pierre-Luc fréquentait le cégep! La force de frappe de ce jeune entêté me rappelle l'adresse légendaire que l'on attribuait jadis à David, ce p'tit mec qui avait terrassé Goliath, le gros épais d'service. Or de telles leçons me font toujours du bien et me rappellent davantage le sens de ces mots, auxquels je n'arrive pas toujours à croire : on *peut* gagner. On *va* gagner.

Lâche pas, numéro 14, et merci pour ta détermination à rappeler aux tiens qu'il ne faut jamais abandonner la partie. Nous avons besoin de numéros dans ton genre!

Très cordialement,

André Trottier

P.S. Tel que promis, je vais modifier mon testament et je vais insérer une petite mention, comme de quoi c'est toi qui va hériter de ma vieille veste bleue des Lions, au moment de ma mort. Mais j'aime autant te dire que j'suis pas pressé d'crever, mon Falardeau... Ça fait que sers-toi de tes droits d'auteurs pour t'acheter une bonne veste de cuir, en attendant. Salut!

L'auteur est comédien. Il est célèbre pour le rôle de Méo dans les films Elvis Gratton, *de Pierre Falardeau. Il s'agit ici d'un discours prononcé lors de la remise du Prix Pierre-Bourgault à Falardeau, le 21 juin 2009, au Château Ramzay, dans le Vieux-Montréal.*

Quelqu'un qui se tient debout

[Moi, je suis juste un p'tit comédien!...
– Pierre : « Enlève ton cigare! »
– Méo : « C'est moi qui fait Méo! »...]

Je voudrais vous dire que côtoyer un grand, ça donne l'impression d'avoir réussi sa vie! Je te remercie Pierre! Côtoyer Pierre Falardeau, ça donne l'impression de participer activement à l'histoire de son pays. Mais moi j'ai connu Pierre surtout l'artiste et j'ai souvent vu, j'ai souvent été témoin d'une immense tendresse, sensibilité, douceur et affection qu'il témoigne aux gens qui ont eu le bonheur de travailler avec lui. Ça j'insiste.

J'ai découvert aussi que Pierre ne fait pas que gueuler, il écoute deux fois plus. Je voulais vous le souligner. Moi qui vient du peuple, mon père était boucher, je m'excuse, j'ai découvert qu'il avait une influence extraordinaire auprès de la classe populaire du Québec, parce qu'il représente quelqu'un qui se tient debout. Pour un peuple conquis, c'est moins désespérant de voir quelqu'un qui n'accepte pas le mépris sans broncher.

Je dirais pour terminer que Pierre mérite plus qu'un hommage, il mérite un pays!

Yves Trudel

L'auteur est un ancien premier ministre du Québec et chef du Parti Québécois. Transcription d'un discours également prononcé le dimanche 21 juin 2009 lors de la remise du Prix Pierre-Bourgault à Pierre Falardeau.

Un grand Patriote du Québec

Monsieur le président, Madame la députée, Monsieur le député, très cher Pierre, mes salutations à toi et à ta famille. Chers amis, chers militants et militantes, ce n'est pas la première fois que j'ai l'occasion de rendre un hommage à Pierre Falardeau et je suis toujours très heureux de le faire, car si quelqu'un mérite des hommages, c'est bien lui! Et je le dis presque à chaque fois, je vais le redire aujourd'hui, c'est devenu une banalité : je pense à peu près la même chose que lui sur à peu près tous les sujets, mais je l'exprime à peu près d'une manière différente (dans le public)... Chacun son style!

Mais il est l'un des nôtres qui a utilisé le plus puissamment, un des plus forts moyens de conviction qui existe, l'art. Il n'est pas le seul à l'avoir fait, on a des romanciers, on a des poètes. Mais son art à lui est rayonnant et populaire, c'est le septième. C'est l'un des plus puissants, comme force de conviction. Et il l'a fait. Il l'a fait avec talent et courage. Et à propos de courage, je voudrais, puisqu'on parle du Prix Pierre-Bourgault, citer une phrase de Saint-Thomas d'Aquin que Pierre Bourgault appréciait beaucoup et que j'ai d'ailleurs utilisé en lui rendant hommage. La phrase est la suivante : « L'espoir a deux enfants : la colère et le courage. » Et Pierre Bourgault a incarné ces vertus et Pierre Falardeau aussi!

Alors l'espoir c'est évidemment le suprême espoir. Que notre patrie soit libre. Et la colère, c'est l'indignation des mauvaises raisons qu'on oppose à cette cause et de la stagnation qui ne lui convient pas. Et le courage, c'est de se battre pour corriger cela. Ce qu'a fait Pierre Falardeau, d'une manière grandiose! Ce combat pour l'indépendance nationale est un des plus passionnants qu'un être humain puisse être appelé à faire. Et la plupart des humains n'ont plus à le faire. Presque toutes les nations qui peuvent être indépendantes le sont déjà. Alors nous avons à la fois le malheur de ne pas encore être indépendants et le bonheur de pouvoir faire ce combat pour la Patrie. Ce n'est pas un combat rétrograde de quelque façon que ce soit. Il y a plus de 2 000 ans Homère disait : « Rien n'est plus doux que la Patrie ». Et au cours des 50 dernières années, il y a 50 pays qui par amour de la Patrie l'ont libérée et on fait que cette Patrie est aujourd'hui représentée aux Nations Unies.

Pierre Falardeau est un des grands Patriotes du Québec et il s'inscrit parmi tous ces Patriotes qui ont lutté pour l'indépendance de leur pays. Et il leur rend un hommage fantastique aux Patriotes. Moi aussi je suis sorti les larmes aux yeux quand j'ai vu ce film. Et les Patriotes se sont battus pour l'indépendance nationale et la démocratie. Ils ont atteint l'objectif de la démocratie. Le Québec est une démocratie exemplaire. Et une des plus vieilles du monde. Même les États-Unis d'Amérique, nos puissants voisins, qui ont une démocratie exemplaire, se sont livrés à une Guerre de sécession qui n'avait rien de démocratique. Les Français ont interrompu leur démocratie exemplaire aussi à plusieurs reprises. Nous, depuis que les Patriotes nous l'ont donnée, nous y sommes attachés, mais on ne l'a pas utilisée pour l'objectif ultime pour lequel nous devons l'utiliser maintenant.

L'indépendance nationale, c'est à cela que ce cadeau extraordinaire des Patriotes doit nous conduire et Pierre Falardeau a rappelé l'ampleur de ce sacrifice. Combien ce sacrifice était sublime et, en raison de la déficience de l'enseignement de l'histoire, il est probable qu'il y a plus de gens qui ont entendu parler des Patriotes à cause de Pierre Falardeau qu'il y en a qui en ont entendu parler à cause des professeurs d'histoire, comme l'a rappelé monsieur Laporte qui a inauguré le Congrès des professeurs d'histoire de cégep. En d'autres termes, quand on connaît l'histoire, on ne peut pas faire autrement que de voir l'avenir dans la liberté.

Alors Pierre a attaqué vigoureusement de toutes les manières, mais l'humour, à travers Elvis Gratton, était peut-être la manière la plus subtile... Et je ne sais pas si c'est plus efficace ou moins que les Patriotes, mais ça a frappé dur en diable! Loin de moi de dire que tous les fédéralistes sont épais! Mais ceux qui sont épais en ont mangé une maudite avec Elvis Gratton! Loin de moi de dire que tous les arguments qu'on oppose à la souveraineté du Québec sont stupides! Mais les arguments stupides ont été fortement attaqués et repoussés par ce chef-d'oeuvre de notre cinéma québécois.

C'est la raison pour laquelle Chantale et moi on a fait avec plaisir le trajet de Ludger Duvernay pour venir ici. On est venu de Verchères à Montréal, comme Ludger Duvernay l'avait fait pour venir à la fondation de la Société Saint-Jean-Baptiste. Alors mon cher Pierre, Bourgault serait fier de voir que tu reçois un prix qui porte son nom!

Bernard Landry

L'auteur est romancier, scénariste, essayiste et chroniqueur au journal Le Québécois. *On lui doit notamment l'essai* La Bataille de la mémoire, *le livre d'entretiens* Le Monde selon Elvis Gratton *et le recueil de nouvelles* Théâtre de la résistance. *Ci-dessous un texte écrit le 26 septembre 2009, publié dans* Le Devoir *du lundi 28 septembre 2009 ainsi que dans le journal* Le Québécois.

Pierre Falardeau, l'humaniste

Mon ami Pierre Falardeau s'est éteint hier soir. Il a vécu sa maladie avec un courage qui dépasse même sa légende. On voit qu'il a fait ce qu'il fallait pour se prolonger, pour donner aux siens des moments qui devenaient de plus en plus précieux. Lui qui aimait la boxe, il a livré son plus beau combat. Ce soir, je devrais invoquer la douleur de l'absence, et je sais qu'elle viendra, mais pour l'instant, sa présence est si forte qu'elle efface la mort. Pierre Falardeau n'a pas dit son dernier mot. Comme la lumière des étoiles lointaines, il voyage encore jusqu'à nous. « Rien n'est plus précieux que la liberté et l'indépendance. »

Ces mots étaient écrits sur une banderole qu'il avait fait faire aux jeunes années de sa vie. Cette banderole, il la promenait dans toutes les manifestations, dans tous les parcours. Elle résume sa vie. Il l'avait reprise du leader vietnamien Ho Chi Minh et en avait fait le cœur de son discours. Il l'avait volée comme il disait souvent des phrases les plus audacieuses qu'il mettait dans la bouche de ses personnages. Même volée, elle se révélait comme la plus authentique de ses formules. Malgré sa limpidité, sa luminosité, il lui a fallu toute une vie pour en expliquer le sens. Pour la raison très précise que lui avait révélée La Boétie dans son *Discours de la servitude volontaire* écrit au XVIe siècle, à savoir que la troisième génération à en être privée n'a plus aucun souvenir de ce qu'est la liberté.

L'homme libre qui surgit au cœur de la servitude ne peut vivre que l'exaspération, la rage et la colère, car ceux à qui il parle refusent d'entendre et de comprendre. Ils acceptent que leur vie serve à construire leur propre prison. Ils deviennent leurs propres gardiens.

Ils pourchassent et injurient ceux qui les invitent à défaire leur attachement consenti.

Soumis aux puissances de l'argent, à la suprématie du monde impérial anglo-saxon, les Québécois portent au pouvoir les profiteurs locaux du système colonial. Ils confondent la liberté avec le fait de dépenser et de se déplacer en char. Ils donnent leur vie, ils la consacrent à l'enrichissement des détrousseurs de fonds publics. Et pour se perdre encore plus, ils assassinent leur propre culture et mutilent leur histoire, cultivant l'oubli et la résignation.

Dans ce monde assagi et soumis, l'homme libre est un fauve à abattre, une bête à dompter. Or il est bien le seul qui n'ait pas tort.

« Rien n'est plus précieux que la liberté et l'indépendance. »

Pour avoir compris cela jusqu'à le vivre dans sa chair, Falardeau avait bien le droit de répartir les coups de pied au cul et les tapes sur la gueule qui se perdent d'ailleurs trop souvent. L'insignifiance, la veulerie et la trahison glorifiée ne se dénoncent pas par la politesse. Seul, ou presque seul, il n'avait pour se défendre que sa parole.

Contrairement à ce qu'on dit, il n'en a pas abusé. Les écarts de langage n'en étaient pas. Il faut savoir que la lutte pour la liberté est surtout un combat moral et d'abord à l'intérieur de nous-mêmes. Contre cette morale de l'homme libre se dresse l'immoralité du maître. Contre cette morale du premier destin de l'homme se dresse l'amoralité du servile. Il n'y a pas de zone neutre entre le noir et le blanc, entre l'acceptation et le refus, entre la résignation et la révolution.

Et dans ce combat vers l'ascension morale, importe-t-il aujourd'hui de se dire que cet homme seul avait raison contre tous. Falardeau avait raison sur toute la ligne. Oui, les salopards étaient bien des salopards, les vendus étaient bien des vendus, les trous-du-cul étaient bien des trous-du-cul, les sales pourritures étaient bien des sales pourritures. On connaît leurs noms. Ils ont vendu leurs frères, ils ont souillé l'âme des peuples, ils ont trahi leurs pères. Oui, les crétins étaient des crétins, les demi-hommes étaient des demi-hommes, les pleutres étaient des pleutres et les pleurines étaient des pleurines. Ils ont laissé piller la forêt, détruire la terre nourricière, ils ont laissé détruire notre culture et s'effacer notre langue, ils ont baissé les bras devant l'impérialisme sauvage et colonisateur, ils ont prêché la bonne entente avec les destructeurs de notre nation. Tous ont des noms.

Et que dire de ceux qui mentaient au nom de leur job à sauver. De ceux qui cachaient le crime au nom de leur job à sauver. De ceux qui couchaient avec les boss, de ceux qui protégeaient le voleur, de ceux qui se faisaient payer le silence.

Mais encore et que dire encore? Que les lâches étaient des lâches.

Non Pierre Falardeau, je ne suis pas prêt à le mettre au tombeau. Pas avant que tous ceux qui lui ont craché dessus reconnaissent qu'il était grand et noble. Qu'il défendait la salutaire vérité, qu'il était homme de principe et de justice. Qu'il était la liberté des hommes enfin vécue par l'homme.

Malgré tout, je sais que même les étoiles meurent. Même celles qui ont l'éclat si pur de son intelligence. Et viendra ce moment pour moi de l'accepter. Mais ne puis-je avant parler de cet amour, cet immense amour qui le consumait et alimentait ses sublimes révoltes? Cet amour des gens du peuple, cet amour des êtres de poésie, des enfants, des vieillards, des vieux amis, des femmes, de sa femme, de ses jeunes mais aussi de la jeunesse. Tout ce qui fait l'humanité en somme. Mais ne puis-je aussi parler de cet élan vers la beauté, cette fascination pour nos vieilles peintures, pour nos vieilles pierres mais également pour les grands paysages, nos sublimes paysages. Oui, il aimait ce pays mais pas juste comme pays, comme fragment de l'humanité à préserver.

J'ai dit à des journalistes qu'il était un humaniste. Ce n'est pas assez. Il était aussi une volonté, un homme responsable et qui à ce titre refuse aux autres l'irresponsabilité. C'est à chacun de nous de vaincre cette résistance à la liberté, c'est à chacun de nous de refuser la mort d'un peuple, d'une langue, d'une civilisation.

C'est à chacun d'entre nous de comprendre sa propre aliénation.

Dans son premier court métrage de fiction, on voyait à la fin tous les personnages devenir des Elvis Gratton. Donc opérer eux-mêmes la destruction de leur culture, de leurs rêves, bref, de leur être.

Maintenant, dans ce nouveau long métrage qui devra tous nous emmener vers la redécouverte de nous-mêmes, il nous reste tous à enlever ce masque et devenir ce que Pierre Falardeau a toujours été, un être libre, assoiffé de vérité, enragé d'espoir, avide de liberté.

Oui, « rien n'est plus précieux que la liberté et l'indépendance ».

Et maintenant, je te parle à toi Falardeau. Puisqu'il faut bien que je te dise adieu. Comme tu as aimé, mais aimé. L'amour dans toutes ses composantes et ses formes. Oui le grand amour mais aussi la fraternité, la camaraderie et puis cet incroyable don pour cette variante toute simple : l'amitié. Pour l'avoir vécue mais surtout reçue, je ressens une gêne d'avoir à l'exposer ainsi. Disons simplement que tu nous manqueras, vieux. Tu nous manqueras terriblement.

Mais jamais ne s'éteindra la lampe, la lueur qui te guidait. Nous marchons vers elle nous aussi. Tu es avec nous. Nous sommes avec toi.

Nous t'aimons!

René Boulanger

L'auteur était l'un des plus grands directeurs de la photographie et cinéastes de l'histoire du cinéma québécois. On lui doit notamment Pour la suite du monde *(avec Pierre Perrault),* Les Ordres *et* Quand je serai parti... vous vivrez encore. *Le texte qui suit a été lu par l'auteur sur les ondes de RDI quelques heures après le décès de Pierre Falardeau.*

Pierre était d'abord un grand patriote, flamboyant et impatient. Il a dû se battre pour s'exprimer en toute liberté. Son premier et unique sujet a été son pays, le Québec, et ses compatriotes qu'il aimait par-dessus tout. Comme un bûcheron, ses films sont faits à la hache et au godendard. Ils ont le timbre de sa voix, que nous n'oublierons plus jamais.

Michel Brault

Texte publié sur le site du Voir *le 26 septembre 2009. Josée Legault est politologue, auteure et chroniqueuse politique.*

La mort d'un patriote

Pierre Falardeau est mort. Le cancer. Encore.

Je ne veux pas le croire. Colère et peine.

Ça se précipite. Trop de souvenirs, trop de moments mémorables, trop de regards complices échangés, trop de discussions enjouées et passionnées au fil des ans me reviennent au coeur et à la mémoire pour que je puisse vous en dire quoi que ce soit en ce moment.

Peut-être demain. Peut-être.

Quatre choses seulement pour le moment :

Comme tant de Québécois, je t'aime Pierre.

Toutes mes pensées et condoléances vont à ta conjointe et tes enfants, que tu adorais, de même qu'à tes amis fidèles.

Repose en paix.

Et, si tu le veux bien, tu prendras Gaston Miron dans tes bras de ma part…. Dis-lui que j'ai conservé sa lettre précieusement… Il comprendra.

Josée Legault

L'auteur est écrivain, scripteur et scénariste pour la télévision. On lui doit notamment la série satirique Les Bougon, c'est aussi ça la vie! *(avec Jean-François Mercier). Le texte qui suit est un communiqué émis le 26 septembre 2009 en réaction à la mort de Falardeau. L'auteur y fait également référence au décès de l'auteure Nelly Arcan, survenu le 24 septembre 2009.*

Communiqué

Premières réactions au décès de M. Pierre Falardeau

Les jours se suivent et se ressemblent douloureusement.

Il y aura des spécialistes du cinéma pour évoquer son immense talent et sa sensibilité démesurée. Un degré de sensibilité qui ne s'établit pas avec les instruments de mesure convenus et corrects.

Comme une vaste portion de Québécois, je me reconnaissais dans sa dissidence et j'y trouvais la force de poursuivre en marge une bataille difficile.

Dans le paysage médiatique, un Falardeau debout parmi la bouillasse télévisuelle et la crétinerie de matante imprimée, c'était un vaccin. Falardeau immunisait, énergisait et rassurait. Virtuose de la langue, sa plume et sa gueule étaient son arme, la débilité ambiante sa victime.

La fierté et l'intégrité sont en deuil. Falardeau avait le talent pour devenir riche. Il a néanmoins choisi de mettre ce talent au service de ses convictions et de ses idées, loin du consensus qui rapporte. Mais n'est-ce pas le rôle d'un artiste? N'est-ce pas sa façon de rester libre?

L'art utile, pratiqué par Falardeau, ne se célèbre pas dans la paillette vaine, dans les soirées mondaines où ça pue, dans les salons où la bêtise colonisée est un concours et les *front pages* le premier prix.

L'art utile de Falardeau, il existe dans le cœur et les tripes de ses semblables qu'il n'a jamais snobés.

Falardeau. Indispensable Falardeau. Tu en fais, des heureux, en te retirant. Ne crains pas : on devra lutter à plusieurs, mais on ne laissera pas la connerie tranquille.

François Avard

L'auteur est cofondateur du journal Le Québécois, *directeur-fondateur des Éditions du Québécois, professeur de littérature et essayiste. Il a publié plusieurs ouvrages de Pierre Falardeau. Le texte ci-dessous est une lettre écrite quelques heures après le décès du cinéaste et publié le lendemain sur le portail de l'Organisation du Québécois.*

À mort
Lettre à mon ami Pierre Falardeau

Salut Pierre,

Tu es mort vendredi soir. Ce n'est pas une surprise, depuis le temps qu'on te savait malade de cette saloperie de cancer, pourtant je n'arrive pas à le croire. Je n'ai pas beaucoup dormi depuis. Il me semble que le téléphone allait sonner comme d'habitude…

« Salut Pierre-Luc! Inquiète-toi pas, je suis pas mort, c'est les médias qui sont encore partis en peur… Je cours à l'ACPAV et je te faxe mon texte pour *Le Québécois*… Rappelle-moi quand t'as deux minutes, j'aimerais te le lire comme d'habitude, être sûr que t'arrives à lire mes gribouillis… OK, bye! »

Ça n'arrivera pas. J'ai parlé à ta blonde hier. Elle m'a raconté comment tu nous as quittés, entouré de tes proches. Je ne sais pas comment j'ai fait pour ne pas pleurer quand elle m'a raconté. Depuis, par exemple, je ne peux réprimer mes sanglots. Je ne suis pas gêné de le dire, ça prouve qu'on est encore des êtres humains, comme tu aurais sans doute dit. Cette conversation avec Manon, je la garde pour moi comme un bijou précieux, mais je vais dire une chose cependant. Tu avais une blonde aussi courageuse que toi, mon vieux. Tu avais raison d'être si fier et si amoureux d'elle et de tes enfants. Mes premières pensées ont d'ailleurs été pour Manon, pour Jules, Jérémie et Hélène, quand j'ai vu la nouvelle tomber dans les médias.

Ensuite, j'ai pensé à nos années de camaraderie et de combat. Nos moments de tristesse et nos moments de joie. Et je ne peux pas croire que c'est fini. Sonne donc maudit téléphone sale! Je suis là, Pierre, tu peux appeler! Mais je sais bien que tu ne m'appelleras pas. Ton texte ne rentrera pas sur le fax non plus. Je n'aurai plus le privilège de t'entendre me le lire au téléphone.

Là-dessus, Pierre, je vais te confier quelque chose. Tu sais, les premières fois que tu m'envoyais tes textes, j'avais en effet de la difficulté parfois à lire ton écriture à la plume. « Non, non, Pierre-Luc, c'est un "r", pas un "c"… Tu me suis-tu? ». Mais depuis plusieurs années, j'arrivais très bien à comprendre ton écriture. Pourquoi j'ai jamais refusé ton offre de me lire tes textes au téléphone? Imagine! J'ai dans le cerveau et dans le cœur le plus beau recueil d'essais que personne n'aura jamais et on ne pourra jamais me l'enlever : Falardeau lu par Falardeau, commenté par Falardeau. Et on en profitait toujours pour partir sur d'autres sujets, faire des farces, déconner, s'enrager contre nos ennemis, se raconter le dernier film qu'on avait vu, se raconter un peu nos vies personnelles, aussi. Vu de l'extérieur, ça devait avoir l'air interminable! J'imagine les faces de nos blondes : « Coudonc, les gars, une heure et demie au téléphone pour lire un texte de quatre pages, c'est pas un peu long?… Le souper est prêt! ». J'allais quand même pas me priver de ça… Ça fait partie des plus beaux moments de ma vie. Merci Pierre.

Sinon, bien il y a tous nos autres « mauvais coups », comme on disait : les manifs, les assemblées politiques, les pétitions, les coups de gueule médiatiques et j'en passe. Tu te souviens de tout? Moi aussi. À jamais.

En fait, personne ne va t'oublier, Pierre, tu vas rester là, vivant parmi nous. Dans nos têtes, dans nos cœurs, dans nos âmes. Et ton œuvre est immortelle et universelle. On écoutera encore tes films dans mille ans, j'en suis sûr. On lira tes textes aussi. Ta dernière bataille, tu vas la gagner. Tu vas triompher de la mort. Tes idéaux, on va continuer de les porter. En tout cas, moi, je vais continuer de me battre. Plus que jamais. Et Patrick aussi. Et René. Et Côté. Et tous ces milliers de gars et de filles que tu as inspirés toute ta vie et qui ne t'oublieront pas.

Déjà, les hommages pleuvent. As-tu entendu Picard? Il t'a salué magnifiquement. As-tu lu les textes de Avard et de Brault? Tu aurais beaucoup aimé. Celui de VLB aussi. Et de Josée. Et de… J'arrête ici. C'est tout le Québec debout qui te rend hommage. Il reconnaît le plus flamboyant de ses fils. Le plus intègre. Et un grand artiste. Quant à ceux du Québec à genoux, ils ne méritent même pas qu'on s'attarde à leurs pseudo-analyses de ton œuvre et de ta personne. Ces morts-vivants ne m'atteignent pas. J'espère juste que le mépris de certains de ces « panseurs », comme tu l'écrivais, n'affectera pas Manon et les enfants. Mais ça m'inquiète pas trop, ils ont la couenne dure eux aussi. Tu nous as appris à donner des coups. Tu nous as appris à en recevoir. Et sache qu'on sera toujours là pour s'entraider, comme toi tu étais toujours prêt à aider tout le monde. À travers cette solidarité aussi, tu vas continuer à vivre mon Pierre.

Bon, je crois que je dois penser à conclure ce texte, mais j'ai la même tendance que toi en écriture, le talent en moins : une fois que le cerveau se met à bouillonner, comment s'arrêter, sur quelle note finir?

J'ai réécouté l'autre fois ton film *À mort*, réalisé avec Poulin. Tu le termines ainsi : « Tant que les Québécois auront peur de la mort, aucune lutte de libération nationale n'est possible ». Aujourd'hui, moi, je n'ai plus peur. Car le jour où je quitterai aussi cette planète (inquiète-toi pas, je ne suis pas pressé!), je sais que tu viendras m'accueillir avec ton grand sourire affectueux…

— Hey, Pierre-Luc, viens-t'en, c'est par ici!

— Tabarnak, Pierre, t'as recommencé à fumer!

— Ici, y'a pas de trouble, on peut pas mourir deux fois! Envoye, viens-t'en! Faut que je te présente Miron pis Perrault…

— Où est-ce qu'on va?…

— Suis-moi sur mon nuage, y sont toutes là, pis je me suis construit une tabarnak de belle galerie!…

— OK, c'est toi le boss, je te suis…

Aujourd'hui, j'ai plus peur, Pierre. Ils pourront bien nous crucifier dans les journaux, nous empêcher de travailler, nous arrêter, peu importe. Je vais continuer de me battre, pilant sur ma peur en pensant à toi. Tu m'as appris ça : repousser sa peur, la combattre, avancer pareil.

Tiens, le téléphone sonne! Qu'est-ce que c'est? Bien non, c'est pas toi! Un projet de livre? Une idée de manif? Une enquête à mener? La lutte continue.

Je t'embrasse, camarade. Je t'aime à mort.

Pierre-Luc*

*Pierre-Luc Bégin

L'auteur est un écrivain, un éditeur et un ancien militant du Front de libération du Québec. Chronique publiée sur le site Canoë.ca le 26 septembre 2009.

Putain de mort

« Ils ont peur de nous parce que nous n'avons pas peur. »

Je ne me souviens plus de qui est cette phrase.

Pierre Falardeau n'avait pas peur, il disait tout haut ce qu'une bonne partie de la population n'osait dire, il n'a jamais rien dit qu'il ne pensait pas, et on le craignait pour cette raison. Mais tant que nous ne serons pas assez nombreux à ne pas avoir peur, nous continuerons à souffrir de toutes ces morts prématurées.

Falardeau avait rendez-vous avec l'indépendance du Québec, un rendez-vous sans cesse remis à plus tard, mais la mort assassine l'a rejoint bien avant, comme pour Bourgault et tant d'autres. Tout cela est bien triste et je ne peux m'empêcher de penser à ma propre mort.

Il vivait debout parce que la vie est une aventure de liberté et de justice et il ne peut en être autrement pour ceux qui ont choisi de chercher et surtout de trouver ce qu'ils cherchent.

Pourtant, il s'y attendait depuis longtemps, lui qui rêvait les poings fermés et les yeux grand ouverts. Il ne voulait pas que ça se sache, que la mort le guettait de près depuis un certain temps, il ne voulait pas qu'on le pleure, mais tout le monde se doutait qu'il souffrait d'une maladie incurable. Je l'avais retrouvé cet été, au parc Lafontaine, lors de la marche pour l'indépendance, mais je n'avais osé lui parler de cette terrible fatalité, par crainte des larmes si prêtes à se déployer lorsque surgit l'émotion. Pierre, tu étais de ceux qui nous redonnent foi non pas en Dieu mais en quelque chose de supérieur à la bêtise humaine trop souvent présente dans nos vies.

Falardeau le fort en gueule, celui qui montait au front chaque fois qu'on le lui demandait, celui pour qui le mot engagement ne connaissait pas de demi-mesure, va me manquer à coup sûr. C'est un grand pan de la résistance qui vient de disparaître. C'est aussi un monument de notre culture, auquel il faudra sans cesse se référer, parce que Falardeau a laissé une œuvre unique et remarquable. Une œuvre qui, semblable à cet arbre sans feuilles, nous apportera néanmoins suffisamment d'ombre pour qu'on veuille venir s'y reposer.

Jacques Lanctôt

L'auteur est un célèbre écrivain et éditeur québécois. Le texte qui suit a été publié dans Le Devoir *du 28 septembre 2009.*

Cultiver le pays

Pierre Falardeau n'était pas mon ami, mais bien davantage : un complice qui me stimulait, rendant ainsi impossible tout découragement dans un pays-pas-encore-pays par la faute de ses élites bourgeoises, corporatistes et veules. Pierre Falardeau et moi, nous partagions la profondeur de ce mot de Nietzsche qui a écrit :

« Si tu veux cultiver le pays, cultive-le à la charrue. Ainsi tu feras la joie de l'oiseau comme du loup qui suit la charrue. Tu feras la joie de toute créature. »

Pierre Falardeau a été à la hauteur du mot de Nietzsche. Voilà pourquoi sa mort ne me rend pas d'une tristesse infinie. Les prophètes authentiques sont porteurs de joie pour tout un chacun, l'oiseau, le loup et l'humain. C'est cette grande leçon de choses que nous devons à Pierre Falardeau.

À sa famille, à ses amis, à toutes ces Québécoises et à tous ces Québécois qui cultivent le pays à la charrue, j'offre mon recueillement et le partage de cette joie que Pierre Falardeau a su si bien incarner. Elle est nôtre désormais. Alors, retroussons nos manches et portons cette joie exigeante jusqu'à notre indépendance comme peuple et comme nation.

Victor-Lévy Beaulieu

L'auteur est le directeur de L'Aut'journal. *Le texte qui suit a été publié dans* Le Devoir *et* L'Aut'journal *dans les jours suivants le décès de Pierre Falardeau.*

Avec Falardeau dans les années 1970

Il est environ 10 heures du soir et ça frappe violemment à la porte de mon appartement de la rue de la Visitation. « Dubuc, tu viens-tu? On s'en va occuper CKVL! », me lance Falardeau. Nous sommes en 1972 et les travailleurs et travailleuses débrayent un peu partout au Québec pour protester contre l'emprisonnement des trois chefs syndicaux, Laberge, Pepin et Charbonneau, qui avaient recommandé à leurs troupes de défier la loi spéciale du gouvernement Bourassa les forçant à retourner au travail, lors de la grève du Front commun quelques mois auparavant.

Partout au Québec, les travailleurs quittent leur lieu de travail. À plusieurs endroits, ils occupent les stations de radio et diffusent des appels à suivre leur exemple. À Sept-Îles, ils ferment la ville. Falardeau, qui habite tout près de chez moi – rue Beaudry, si je me souviens bien – ne peut évidemment pas se contenter d'un rôle de spectateur et parcourt le quartier pour rassembler tous les gens qu'il connaît. Et cap sur CKVL!

On entre en coup de vent (à l'époque, il n'y avait pas vraiment de postes de sécurité à l'entrée des bureaux des médias). « On s'en vient occuper la radio », lance Falardeau en demandant à l'animateur en ondes de lui céder sa place. Ce que ce dernier fait sans trop rechigner. Il était bien entendu au courant de ce qui se passait à travers le Québec et, comme bien d'autres, soit il éprouvait de la sympathie pour les grévistes, soit il détestait Bourassa. La plupart du temps, les deux cas se confondaient.

Falardeau s'empare du micro et nous assigne la mission de fouiller dans la discothèque pour trouver tout ce qui pourrait, de près ou de loin, ressembler à des chansons révolutionnaires. Ceux qui se souviennent de la programmation musicale de CKVL conviendront que ce n'était pas une mince tâche.

Pendant que nous fouillons dans les microsillons, nous entendons Falardeau haranguer la population et l'inviter à se soulever contre les pouvoirs en place. Je ne me souviens plus, bien entendu, de ses paroles exactes, mais ça devait ressembler au *Manifeste du FLQ*, le tout parsemé de « câlisses », de « ciboires » et de « tabarnaks ». Puis, plus rien. Quelqu'un quelque part a coupé la transmission.

« C'est parce qu'il a sacré en ondes, nous disent les employés de CKVL. Sinon, il aurait pu continuer tant qu'il voulait. » Mais oui, Chose. Combien de fois n'ai-je pas entendu la même critique à l'égard de Falardeau, tout comme à l'égard de Michel Chartrand d'ailleurs? « S'il ne sacrait pas, son message passerait mieux. » Dans la plupart des cas, c'est le message qu'on n'aime pas, mais c'est plus facile de s'en prendre à la forme, aux sacres, alors que ceux-ci ne font qu'amplifier le message.

J'avais connu Falardeau à l'Université de Montréal. Il étudiait en anthropologie, j'étudiais en science politique et nous nous retrouvions souvent dans l'aire de repos, près des distributrices, où nous commentions l'actualité en regardant passer les filles.

Déjà, Falardeau était passionné par le cinéma. Le Vidéographe venait d'ouvrir ses portes rue Saint-Denis et mettait des équipements de tournage à la disposition de ceux qui désiraient filmer. Falardeau n'allait pas rater ce virage technologique.

Un jour, il m'a proposé de l'accompagner pour aller voir un programme de lutte au Forum, où il faisait du repérage pour ce qui allait devenir *Continuons le combat!*, son premier film. Pour Falardeau l'anthropologue, la lutte, c'était du théâtre populaire. Avec les bons, les méchants et l'arbitre qui représente les forces de l'ordre, la police, bête et stupide, qui ne voyait jamais les coups illégaux du méchant mais ne laissait rien passer au bon.

Je me souviens que les premiers combats ne suscitaient pas un grand enthousiasme. Les spectateurs, en fait surtout les spectatrices, se moquaient des lutteurs. Je n'étais pas impressionné. « Attends!, attends! », me disait Falardeau. Il avait raison. Quand Johnny Rougeau et Mad Dog Vachon sont montés dans l'arène, la foule s'est déchaînée. Surtout les femmes. Falardeau était aux anges. C'est cela qu'il voulait filmer.

Pour la première du film, il avait eu le culot d'inviter les lutteurs. Je me souviens qu'il était extrêmement nerveux. « S'ils pensent que je ris d'eux autres, ils vont me casser la gueule. » Mais les lutteurs sont de grands comédiens et ils allaient apprécier son humour. Peut-être qu'Elvis Gratton est né ce jour-là.

Plus tard, nous nous sommes croisés à quelques reprises. Nous avions nos divergences. Il pensait que l'indépendance était un programme en soi. Je crois toujours qu'il faut l'habiller d'un projet de société. Cela a été la source de quelques flammèches. Je me souviens que, lors de la première du film de Jean-Claude Labrecque sur le RIN, nous avions convenu de garder nos munitions pour attaquer les fédéralistes. Il y avait abondance de cibles de ce côté-là.

Dernièrement, je l'ai croisé au Multimags de la rue Mont-Royal. Il venait d'acheter *La Presse*. « Il faut savoir ce que pensent nos ennemis », me lance-t-il, sourire en coin, avant d'enchaîner : « Y se passe-tu quelque chose au PQ? Je trouve que c'est ben tranquille! » Malheureusement, je n'ai pas senti que mes réponses l'avaient rassuré.

Pierre Dubuc

L'auteur est journaliste, poète et militant indépendantiste. Il est l'un des premiers militants du Front de libération du Québec. Condamné à la prison pour une série d'attentats, il travailla ensuite au Journal de Montréal *où il devint directeur de l'information. Le texte qui suit a été publié dans* La Presse *du lundi 28 septembre 2009 et dans le recueil* La trahison comme mode de mort *(Éditions du Québécois, 2011).*

Un combattant de la liberté

Comme cinéaste, Pierre Falardeau a toujours fait des films à travers lesquels son engagement profond pour son pays, le Québec, transpirait en milliards de pixels. Il faut saluer son rare courage d'être resté fidèle à ses idées dans ce monde où il aurait facilement pu devenir un bébé gâté du système des subventions... s'il avait fermé sa grande gueule.

Non, il avait choisi la voie la plus difficile, celle des bâtisseurs de pays, celle des combattants de la liberté. Au « yâble » le confort et l'indifférence des souverainistes de salon qui s'admirent mutuellement dans les lofts d'Outremont où ils amassent des fonds pour un parti qui a fait sauter l'article 1 de son programme, soit l'indépendance. Falardeau aimait fréquenter le vrai monde et n'avait pas peur d'être vu avec de vrais colonisés comme on en retrouve dans ses films sur Elvis Gratton, l'archétype du Québécois content de son sort de *loser* et respectueux de toutes les autorités. Falardeau est demeuré un militant exemplaire qui, au fil des années les plus sombres de la lutte de libération nationale, n'a jamais baissé les bras comme l'ont fait tant de ses contemporains défaitistes, fatigués, usés et abattus. Non, il était un homme de conviction profonde et ce n'est pas parce que le vent changeait de direction qu'il allait renier ses convictions. Même si ça lui coûtait souvent très cher, car les cinéastes qui ne reçoivent pas de subventions de Québec et d'Ottawa peuvent difficilement faire fleurir leurs oeuvres.

Tenace. Fidèle à lui-même. Généreux. Déterminé. Fier. Optimiste. Ce sont toutes des qualités qu'on peut accoler au grand personnage qui vient de nous quitter. Il était aussi une voix, une parole qui dérange, qui secoue, qui bouscule, qui ne laisse personne indifférent. Il était la voix des sans-voix. De tous ceux qui ont envie de crier « crisse, c'est assez! » mais qui n'osent pas.

Le Québec lui doit beaucoup. Et la meilleure façon de lui rendre hommage, c'est de poursuivre le combat pour le pays du Québec, pour la République.

Repose-toi bien, fier combattant. D'autres vont reprendre les armes. Et nous allons poursuivre le combat.

Pierre Schneider

L'auteur est un peintre néerlandais avec lequel Pierre Falardeau a entretenu une amitié de 37 ans. La correspondance de Falardeau à Spierenburg a d'ailleurs été publiée en 2011 par Lux Éditeur sous le titre Un très mauvais ami. *Le texte qui suit est une lettre du peintre à Manon Leriche écrite le 28 septembre 2009 à Romain, en France (Haute-Marne). Traduite de l'anglais par Manon Leriche.*

Chère Manon,

Très souvent, je me dis je vais écrire à Manon quand je serai en France. Je ne sais pas pourquoi mais de toute façon, nous pensons à toi tous les jours, évidemment.

Je ne sais pas comment tu te sens, bien sûr, mais je suis certain qu'il y a un trou énorme.

Aussi, tu n'as plus à avoir peur... (je connais très bien ce sentiment).

J'espère que tes enfants s'en tireront d'une manière ou d'une autre. Je me souviens quand mon père est mort à l'age de 48 ans, j'en avais 19, il y avait une grande énergie en nous (quoique cette sorte d'énergie peut facilement se transformer en vide), en tout cas, j'espère que vous vous sentez tous très proches les uns des autres, c'est le principal.

J'ai vécu une vraiment bonne relation avec Pierre, comme tu le sais. Je me souviens parfaitement de la première fois qu'on s'est rencontré, à l'atelier de mon père, c'était peut-être en 1971-1972. Mon père est mort en 1971. Je travaillais depuis un an ou deux dans son atelier, Jérôme est arrivé avec Pierre, Pierre m'a donné un paquet de cigarettes (oui) Boyard, de très très grosses cigarettes, je n'en avais jamais vues de pareilles.

En tout cas, quelquefois dans ta vie, quand tu es chanceux, tu rencontres des gens avec qui tu as des affinités, c'est vraiment génial, pas sensationnel mais... Quand Pierre venait en Hollande, nous ne faisions pas grand-chose, juste boire du café, parler un peu, c'est tout. Nous étions juste heureux d'être amis. Tu connais des gens toute ta vie, que tu vois des milliers de fois et tu ne ressens rien. « Bof! C'est la vie. » [en français dans le texte] Des gens ennuyants, ou des gens honnêtes, des gens hypocrites, il n'y a pas beaucoup de « Pierre », mais quand tu en rencontres un, c'est agréable. C'est très important, c'est bon d'en connaître un ou deux comme ça. Pierre était comme Anita, très décontracté. Je ne sais pas comment dire, une sorte de « naturel ». (Je ne suis pas vraiment comme ça, j'espère le devenir un peu plus). En harmonie avec la nature et tout ça, c'est rare.

C'est beau.

Pierre était-est (fuck! était) un gars formidable et il va tellement me manquer, mais depuis qu'il était-est comme il était-est, la mort est aussi en quelque sorte « naturelle ». Et c'est très beau. Encore dur bien sûr et tout le reste, mais ça va.

Nous sommes quelques semaines ici. Anita travaille dans le jardin (et laisse ses cheveux pousser). Elle travaille comme une folle, jamais nerveuse, tendue, apeurée, elle fait toujours ce qui doit être fait.

J'apprends...

Je peins ici (original...), je regarde par la fenêtre, je vois Anita qui travaille et je me sens coupable, je sors dehors. Est-ce que je peux aider? Oui! Merde! OK, j'aide, je vais couper le gazon, etc. Demain le reste? Je retourne dans la maison, je me sens comme un trou de cul, je regarde la télé, je jette un coup d'oeil dehors, j'ouvre la fenêtre : Est-ce que ça va? J'écoute un peu la télé? « Oui, pourquoi pas? » Donc, je ne t'aide pas? Elle semble ne pas comprendre moi oui... Je ne l'aide pas du tout. Elle s'en fout, elle est trop occupée. Bof! Maintenant je peins et je pense qu'elle pourra vendre ce tableau, que nous aurons de l'argent et que nous pourrons avoir un jardin. Et qu'Anita aura du plaisir à travailler dans le jardin. Bien! Mais pourquoi je me sens encore comme un trou de cul?

Demain, nous retournerons à Paris voir Tobias et Éva. Ils vivent là depuis un an et c'est la première fois cette année que nous y allons à cause de la maladie d'Anita. Nous avons complètement perdu la notion du temps (comme toi j'en suis certain) mais ce sera bien d'être là. La vie est un grand mystère et je pense que la meilleure chose à faire est d'en être conscient. Qu'est-ce que nous pouvons faire de plus?

J'espère que tu es capable de vivre sans toujours te poser des questions, je suis sûr que tu peux.

Ici sur ma télévision satellite tu peux magasiner pour tout, une façon d'avoir un « six pack » ou Dieu, il y a environ 1 000 postes, je vais demander à Oscar d'en changer 990, peut-être que dans les 10 qui resteront, les deux ou trois que je vais regarder ce sera comme avec les gens, c'est correct, rien de mal là-dedans.

« C'est bon mais pas pour moi... » [en français dans le texte]

OK. J'arrête ici. (je vais demander à Anita si je peux aider...)

J'espère que d'une façon ou d'une autre tu te sens bien. J'espère que tes enfants ne sont pas trop mal. J'espère que tu peux dormir. Je t'écris bientôt, tu m'écris l'année prochaine, OK? Ou la suivante. J'ai une photo de Pierre à côté de ma chaise dans mon atelier, il me salue, je la regarde tous les jours, je le salue, je ne me sens pas mal avec ça, c'est bien, mais je peux te comprendre, votre histoire est différente bien sûr, je souhaite que tu aies l'esprit en paix (de temps en temps je veux dire) mais aussi toute la force et l'énergie, etc, pour rester les deux pieds sur terre!

Je t'embrasse fort!

De Léon, Anita.

À bientôt.

L'auteur a dirigé les pages culturelles du journal Le Devoir *et les Éditions de l'Hexagone. Historien de la littérature, il a publié plusieurs anthologies et une série de six recueils d'entretiens avec deux cents écrivains du Québec, des Amériques et de l'Europe. Texte publié dans* Le Devoir *du 28 septembre 2009.*

Une voix authentique

Savoir que je n'entendrai plus jamais la voix de Pierre Falardeau, qui vient de rejoindre dans l'Histoire celles de Bourgault et Miron, m'est insupportable. Car je comprends que notre culture devient de plus en plus fragile.

En dehors des partis politiques, elles sont de moins en moins nombreuses les voix de la Résistance branchées sur le réel de notre peuple, de plus en plus éparses les voix libres et authentiques portant notre espérance. Certes, il y a bien des artistes et des écrivains pour défendre certaines causes à court et moyen terme. Mais se dresse encore dans les années 2000 ce hiatus historique entre notre peuple et ses élites.

Pierre Falardeau, comme Gérald Godin et Pauline Julien, comme Félix Leclerc et Pierre Perrault, était de ceux-là qui passaient le pont entre la culture dite savante et la culture dite populaire. La maturation de notre culture doit beaucoup à Pierre Falardeau, parce que cet homme, à la fois anthropologue et cinéaste, chroniqueur et pamphlétaire, militant politique de gauche et souverainiste convaincu, ne faisait aucune concession devant l'avenir possible du peuple québécois.

Un résistant

À l'annonce de sa mort, samedi dernier, il était triste de noter les réserves frileuses de nos femmes et de nos hommes politiques sur la manière qu'avait Falardeau d'exprimer la nécessité de l'indépendance du Québec. Pourtant, en assumant la liberté de parole d'un résistant et d'un patriote, Falardeau a toujours su s'adresser à ceux et celles que les élites nomment « le peuple ».

Pierre Falardeau n'est plus là, parmi nous. Mais les partis politiques qui prétendent nous mener vers l'indépendance et l'égalité sociale, se souviendront-ils de sa parole exemplaire? Voit-on venir quelqu'un qui, aujourd'hui pour demain, comme l'écrivait Gaston Miron, « élève une voix parmi des voix contraires »?

Jean Royer

L'auteur est géographe, militaire retraité, expert en géopolitique et essayiste. Le texte ci-dessous a été écrit le 29 septembre 2009 et publié sur le site Vigile.net.

Sa mort laisse un grand vide

Jusqu'à récemment, je ne connaissais Pierre Falardeau que par ses films.

En 1996, à Toronto, j'ai reçu un appel de René Boulanger, me demandant de revenir au Québec. Cette demande venait de Pierre Falardeau, qui avait lu mes travaux sur la défense territoriale du Québec dans le journal *Le Jour*, dont la publication avait fait reculer Ottawa devant de nouvelles menaces d'intervention armée contre le Québec.

Pendant que j'enseignais à Toronto, j'avais travaillé à faire entrer une immigration chinoise de plus en plus nombreuse en Ontario méridional. Je suis même allé en Chine à cette fin. Aujourd'hui, des centres urbains comme Markham sont gérés en mandarin. Vous ne voulez pas parler français, alors parlez chinois. D'une part, j'étais employé et payé par le gouvernement de l'Ontario et, de l'autre, je recevais une pension de l'armée canadienne. Ce genre de contradiction, Pierre Falardeau connaissait bien et il l'avait vécu.

Pendant les mois qui ont suivi, je me suis rendu à Montréal chaque semaine et, le samedi matin, dans le logement de René Boulanger sur la rue Alexandre-DeSève, j'ai donné aux deux jeunes hommes un cours de base en stratégie d'État, en même temps que des explications détaillées sur le sens de *Géopolitique et avenir du Québec*, publié par Marc Aimé Guérin à Montréal en 1994.

Je les appelle jeunes hommes parce que j'appartiens à la génération précédente, celle des années trente, les « misfits » comme on appelle les Québécois qui sont nés au Québec avant les statuts refondus de Wesminster du 11 décembre 1931. Nous sommes citoyens britanniques de naissance. Nous n'étions pas citoyens canadiens ni québécois. À cette époque, l'Union Jack flottait partout au Québec.

Par la suite, j'ai organisé quelques excursions sur le terrain, dont une à Châteauguay, pour une analyse de la bataille qui opposa l'armée de Michel de Salaberry aux Américains fin d'octobre 1813. Originaire de Châteaugay, Pierre Falardeau était très intéressé. Ma propre famille vient de Beauharnois dans les environs. Mon grand-père, des oncles et des cousins ont travaillé, soit à la construction de la centrale hydroélectrique, soit à son administration. Quant au site du musée et du champ de bataille, il a été aménagé par mon défunt frère André, agronome et architecte paysagiste.

Revenu à Montréal à temps pour vivre la tempête de verglas, j'ai été invité à donner chaque mois un cours d'initiation à la défense territoriale du Québec au MLNQ de Raymond Villeneuve, au Centre Saint-Pierre. Constatant le niveau d'instruction élevé des membres, je les ai introduits aux classiques de l'art militaire : Sun Tsu, Renatus Vegetius, Machiavel, Klauzewitz, Jomini, Schlieffen et autres. De nombreuses initiatives ont suivi ces premiers cours, d'une manière discrète, sans bruit. Le but est toujours le même : dissuader Ottawa et Bay Street d'envoyer l'armée contre le Québec, en voie de constituer son propre État et d'accéder à l'indépendance. Le territoire du Québec est défendable avec une économie de moyens et nous avons les moyens de le défendre.

Comme l'affirme La Rochefoucauld dans une de ses maximes : ce n'est pas le pouvoir qui nous manque, mais la volonté.

Pierre Falardeau m'a fait cadeau d'un livre rare écrit par le maréchal Foch. Je l'ai initié au maniement des armes, avec insistance sur les précautions à prendre pour éviter des accidents regrettables.

Comme nous n'étions pas en danger immédiat de guerre, j'ai refusé de préparer la guérilla. L'essentiel d'abord : nous instruire des principes qui gouvernent à la fois la diplomatie et la défense territoriale. Par-dessus tout : construire et parachever les assises de notre propre État. Pierre Falardeau en a bien compris l'importance.

En matière de guerre et de diplomatie, j'ai conseillé à tout le monde d'aller s'instruire dans les facultés de commerce. Ce sont les meilleures écoles de guerre et de diplomatie. La politique est affaire d'intérêts et de rapports de forces, non de sentimentalité à l'eau de rose et encore moins de rigorisme militariste. La discipline nécessaire ne doit transformer personne en un soldat de bois.

Sans État reconnu, le Québec ne peut devenir indépendant. Inutile de faire valoir le « droit des peuples à disposer d'eux-mêmes » si le Québec ne possède pas les moyens de l'État. Nous allons nous rendre ridicules, rien de plus.

Pierre Falardeau l'a bien compris. Sa mort laisse un grand vide, et ce vide, nous devons le combler. C'est le plus grand honneur que nous puissions lui faire. Il n'aura pas travaillé pour rien.

Je prie pour son repos éternel et je ferai célébrer des messes à ses intentions.

J. René Marcel Sauvé

L'intervention qui suit a été faite à l'Assemblée nationale du Québec le 29 sep-
tembre 2009 pour saluer la mémoire de Falardeau. Son auteur, comédien et
député de Bourget, dans l'opposition à l'époque, fut ministre de la Culture et des
Communications dans le gouvernement Marois. Retranscription du Journal
des débats.

Rendre hommage à l'auteur Pierre Falardeau et offrir des condoléances à sa famille

Maka Kotto : Merci, M. le Président. Avec le décès de Pierre Falardeau, le Québec a certes perdu un grand patriote mais il a aussi perdu un auteur engagé, un auteur épris d'une grande passion pour la liberté. Au nom de tous mes collègues, et au nom de la grande famille souverainiste et aussi d'une très grande majorité de Québécoises et de Québécois, je tiens à offrir à sa conjointe, Manon Leriche, et à ses enfants, Jules, Hélène et Jérémie, nos plus sincères condoléances.

Pierre Falardeau parlait fort, certes, mais derrière le personnage public se cachait un être original, simple, un humaniste et un philosophe. « Je suis un homme d'un autre siècle », écrivait-il. « Je chauffe au bois. [...] J'écris à la main, avec un crayon à [la] mine ou une plume. En art, je crois à la simplicité. [...] Je me bats pour la liberté, la liberté sous toutes ses formes, la mienne, celle de mon peuple, celle de tous les peuples. Bref, je suis un primitif égaré. » Fin de citation.

Écrivain prolifique, Pierre Falardeau laisse une trace considérable à toutes celles et ceux qui, comme lui, estiment que rien n'est plus précieux que la liberté et l'indépendance, c'était son mantra, c'est son testament maintenant.

Le texte suivant a été diffusé le 29 septembre 2009. L'auteur, ancien président de la Confédération des syndicats nationaux (CSN), était alors président du Conseil de la souveraineté du Québec.

Pierre Falardeau, héraut intarissable!

Trop tôt! Il avait tant à dire. Il racontait le pays à venir avec une force et une passion qui ne laissaient personne indifférent. Surtout pas celles et ceux qui ne partageaient pas le projet qu'il avait fait sien de faire du Québec un pays français en Amérique du Nord.

Homme de culture et érudit d'histoire des peuples et de leurs libérateurs, Pierre Falardeau n'avait pas son pareil pour traduire ici et aujourd'hui les grandeurs et les bassesses qui accompagnent tout processus de libération nationale. Les élites écopaient. Les masses aussi. Avec des sentiments tout différents. Pamphlétaire unique, sa voix totalement libre nous manquera.

Généreux à souhait, particulièrement avec les jeunes, la fin de son engagement laissera un grand vide.

Pierre Falardeau nous a quittés. Le projet reste. Toujours aussi beau, emballant, structurant. Merci à Pierre Falardeau d'avoir nourri notre espérance et de nous avoir constamment rappelé qu'il nous appartenait de lui donner des mains.

En cela, il aura été un héraut intarissable que son oeuvre nous permettra d'entendre encore longtemps.

Gérald Larose

L'auteur est cinéaste, acteur et directeur de la photographie. On lui doit notamment Requiem pour un beau sans-coeur *et* Papa à la chasse aux lagopèdes. *Lettre écrite à Montréal le 30 septembre 2009 et destinée à Manon Leriche.*

Chère Manon,

Je t'écris parce que je ne pourrai pas être présent à la cérémonie de samedi. C'est l'ouverture de la chasse à l'orignal et j'ai entendu ton chum me suggérer de te rapporter un steak plutôt que d'assister à ses obsèques.

Pour tout te dire, Pierre s'est installé dans mes pensées à tout bout de champ bien avant son départ. J'étais en effet au courant de la spirale dans laquelle il descendait, j'essayais de me mettre à sa place et à chaque fois je me voyais en présence exclusive de ma blonde et de mes enfants. Alors je me suis retenu d'aller le voir et même de l'appeler. Je ne sais pas si j'ai bien fait : se mettre à la place des autres est toujours un exercice prétentieux. Toi seule maintenant peux juger si j'ai eu raison.

Quoi qu'il en soit, à défaut d'une rencontre concrète, l'imagination a pris le dessus. Depuis des mois je nous vois quelques fois par jour en train de niaiser, de nous conter des jokes, sur un coin de rue, ou au téléphone comme ça nous est arrivé souvent. Je nous vois en train d'oublier qu'on faisait pas le même genre de vues, qu'on partageait pas les mêmes visées politiques, en train de nous dire sans nous le dire que les vues et la politique y'a pas juste ça dans la vie. On avait du fun ensemble. Et on n'a encore quèquefois par jour. Ces fois-là le sourire est toujours bien installé à moitié sur la blague que je viens de conter, à moitié sur celle qu'il me prépare.

Mais je ne me fais pas d'idée : Pierre va s'en aller en s'estompant de mon quotidien au fil du temps. De là à disparaître; impossible. Les âmes comme la sienne couvrent trop de temps et d'espace pour disparaître complètement. En ce qui me concerne en tout cas, je sais que je vais l'amener avec moi jusqu'au bout de mon propre rouleau.

Je sais aussi que le deuil va être plus long pour toi. Mais que c'est aussi parfait comme ça. Là comme presque partout l'amour a une longueur d'avance sur l'amitié.

Donc, et ça fait bizarre de le dire, je te souhaite un bon deuil. Je souhaite que les douleurs des derniers temps s'effacent en premier pour laisser toute la place au beau gars qui t'aime encore.

Avec toute mon amitié.

Et embrasse tes enfants pour moi.

Morin*

P.S. Je sais que t'es très forte malgré ton air de tite-fille, mais si t'as besoin d'une paire de bras pour fermer le chalet ou n'importe quoi d'autre...

Et puis pour le steak, inquiète-toi pas : si c'est pas de l'orignal, ça sera du caribou.

*Robert Morin

L'auteur était un jeune étudiant et militant à l'époque. Il est aujourd'hui cinéaste. On lui doit notamment les courts métrages Le Camarade *(2013, Grand prix du court métrage de la ville de Québec, FCVQ) et* Les Gars du Front *(2014, Meilleur court métrage international, Overlook 2014, Italie), qui ont été sélectionnés dans de nombreux festivals ici et particulièrement à l'étranger. Il prépare maintenant le dernier volet de cette trilogie de fiction basée sur l'histoire du Front de libération du Québec. Texte lu lors d'un rassemblement en hommage à Pierre Falardeau au bar du Réseau de résistance du Québécois, à Québec, quelques jours après le décès du cinéaste.*

En hommage à Falardeau

« Quand un résistant tombe,
dix autres se lèvent pour ramasser son arme »
– Pierre Falardeau

Je sais pas si, quand tu rappelais ces lignes, tu y croyais vraiment, ou si c'était simplement ton souhait. Moi, j'pense que tu savais de quoi tu parlais. T'aurais aimé voir ça, Pierre. J'sais pas si tu savais à quel point ton peuple t'aimait et continue à t'aimer depuis que tu nous as quittés.

C'est viscéral, dans nos trippes, on sent qu'un gros morceau nous a quittés. C'est des millions de Québécois qui vont te pleurer, câlisse que tu vas nous manquer, vieux frère.

J'suis tellement content de t'avoir connu. C'est toi et tes idées qui m'ont réveillé. Tu m'as prouvé qu'un homme peut vivre libre, intègre face à lui-même et à son peuple.

J'me rappellerai de toi comme d'un homme généreux, intelligent et courageux.

J'me rappelle de la première fois que je t'ai rencontré. C'était à Sherbrooke, un soir d'hiver, pour une de tes conférences. Des p'tits innocents t'attendaient pour te péter la gueule. J'me rappelle d'avoir eu la chienne : ils étaient au moins vingt, crisse j'en tremblais. Toi, t'as sorti ton pic à pitoune du coffre de ton char pis t'as dit : « Qui viennent les câlisses! ». T'as fait ta conférence jusqu'au bout sans jamais te laisser emmerder par ces salopards.

De toute ma vie, j'avais jamais vu quelque chose d'aussi courageux et d'aussi intègre. Ce n'était pas que des mots pour toi, tu devais le faire, tu l'as fait, même au risque de te battre pis de manger une volée.

La semaine dernière, j'en ai mangé une volée parce que j'avais un gilet « Québec libre » sur le dos. Ils me sont tombés dessus à trois, pis j'me suis battu, sans me plaindre, j'me suis tenu debout. Comme tu savais le faire, 365 jours par année.

Tu peux pas t'imaginer à quel point tu vas nous manquer, pas juste sur la scène politique, mais pour ton art et aussi pour l'homme que tu étais.

Tu es mort pour ton pays, comme De Lorimier, ta mort n'aurait pas été plus symbolique même si t'avais été pendu comme lui.

Ce qui me reste de toi, à part les larmes, c'est une volonté maintenant inébranlable de continuer le combat, de me battre.

Les fédéralistes regretteront plus que nous ta mort, parce que maintenant, c'est des milliers de Falardeau qui se lèveront pour prendre tes armes. On va crier, on va varger avec force et méchanceté, on va leur faire mal, on va noyer la peine immense de ton départ dans notre lutte pour la liberté et pour l'indépendance de notre pays.

Pierre, tout ce que tu as dit ou que tu as fait, je l'endosse à 100 %, et c'est à grands coups de claques sur la gueule que je défendrai ton héritage.

Chaque mot, chaque virgule et chaque film aussi, j'endosse ce que tu as dit sur Ryan, j'endosse tous tes pseudo excès de langage, comme tu as endossé ce que nos camarades du FLQ ont fait il y a trente ans.

Pierre, je t'aime, autant que tu nous as aimés, nous le peuple en bottes de rubber comme t'aurais dit.

Nous vaincrons camarade!

Benjamin Tessier

L'auteur, français, était un écrivain et un critique de cinéma. Il a écrit pour Charlie-Hebdo *et s'est fait connaître à l'écran dans* Cinéma-Cinémas *sur* Antenne 2, *une émission culte pour les cinéphiles. En 1991, il vint à Montréal et vit une copie de travail du film* Le Steak *à l'ONF. Il adora le film et fit une entrevue avec Falardeau et Manon Leriche pour* Radio-France. *Cette lettre à Manon Leriche a été écrite le 30 septembre 2009 à Paris.*

Chère Manon,

C'est un mail de Roger Bourdeau qui m'apprend l'affreuse nouvelle. Je voudrais que tu saches que je garde de toutes nos rencontres, ici et là, des souvenirs heureux, ceux qu'on partage avec les gens qu'on aime. Dès la première fois, quand Pierre m'avait montré son film sur Gaëtan Hart, je m'étais senti en grande fraternité avec lui, et ensuite avec vous deux, avec vous à Montréal ou dans votre maison dans le bois. Et aussi une fois à Paris. Tant de choses nous rapprochaient. Je me reconnaissais dans sa révolte. *Le Temps des bouffons* reste pour moi inoubliable. Et *Le Party* et *Octobre*, bien sûr. Et les *Elvis Gratton*. Ses livres aussi ont beaucoup compté pour moi. Je suis fier d'avoir été l'ami du grand rebelle. Je reste le tien.

Je t'embrasse très fort ainsi que tes enfants.

Michel Boujut

L'auteur, anthropologue et professeur, a connu Pierre Falardeau à l'époque des études de ce dernier à l'Université de Montréal, alors que le futur cinéaste était un de ses étudiants. Lettre à Manon Leriche écrite le 1er octobre 2009.

Madame,

Rentré d'Europe il y a quelques jours, j'ai vite appris la nouvelle du décès de Pierre. J'en suis désolé l'ayant toujours respecté. Il tenait sa position et en payait le prix. Il suffisait aussi qu'il sourie pour nous informer de sa bonté et de son humanité. Je suis très peiné. J'ai bien sûr suivi sa carrière mais je l'ai surtout connu jeune étudiant à l'Université de Montréal, comme professeur d'anthropologie et directeur de thèse. Je l'avais emmené sur le terrain à la Martinique et les souvenirs de son rire, de son culot, de son intelligence me reviennent nombreux. Je suis fier d'avoir participé à ses débuts de cinéaste dont le regard anthropologique était marqué d'humour, et discernement et, déjà, d'une certaine tristesse devant ce qui lui paraissait inacceptable. Pierre était rentré dans nos cœurs, il ne nous laissait pas tranquille, il avait la force d'être irrécupérable par les médiocres.

Je voulais Madame vous écrire un mot amical et respectueux pour lui et vous tous sa famille.

Ivan Simonis

Messages de Carmen Pavez et Rafael Azocar, de l'Ensemble Acalanto. Le premier a été envoyé à la famille à travers le site internet consacré à Pierre Falardeau au lendemain de son décès; le second est un texte inédit, explicatif du premier et de la relation entre Falardeau et Acalanto.

Hasta siempre companero Falardeau :

Notre ami Pierre Falardeau s'est désincarné hier, vendredi, après un long combat contre le cancer. C'est un moment très triste pour nous et une grande perte pour ce pays, le Québec, puisque Pierre a été un grand combattant pour l'indépendance et pour la cause des humbles du monde entier, un grand Patriote en lettres majuscules.

Grand admirateur des Mères de la Place de Mai, admirateur de Neruda et des peintres muralistes mexicains, admirateur aussi de Mikis Théodorakis, il aimait son pays avec tendresse et son plus grand souci était de faire en sorte que nous, les artistes qui arrivions ici, apprenions à aimer sa terre.

C'est ainsi que nous sommes devenus des amis et pendant plusieurs années nous nous sommes rencontrés pour discuter comment faire pour que son pays prenne de plus en plus d'importance, il disait « que tout ce qui était bon, était québécois », ce qui nous faisait toujours sourire.

Ces dernier temps il s'est retiré quelque peu de la vie publique, son dernier ennemi a attaqué cette fois-ci de l'intérieur. Il est venu nous voir pour se raconter ou bien pour faire ses adieux comme nous les Chiliens dirions.

Pierre Falardeau restera toujours parmi nous. Nous nous retrouverons encore à chanter Neruda, Gaston Miron, à la vie et la lutte des peuples en quête de liberté. Cette liberté tant attendue, celle que tu as désormais atteinte.

Hasta siempre companero Pierre.

* * *

Lorsque nous avons vu le film *Le Temps des bouffons*, nous sommes tombés « frères » avec ce cinéaste sans paillettes. Ayant quitté le Chili en 1978 sous la dictature, nous avions apporté comme bagage la certitude qu'il est possible pour un peuple de décider de sa destinée. Nous avons trouvé chez Pierre le seul verbe possible pour conjuguer le Chili souverain que nous étions en train de bâtir avant le coup d'État et le Québec que nous allions incarner.

Nous avons vu Pierre à la télé, alors qu'il parlait de la version du *Chant général* de Pablo Neruda composée par Mikis Theodorakis qui serait présentée à Montréal à ce moment-là. L'entendre dire que Theodorakis et Neruda étaient québécois nous a inspirés pour l'inviter à nous accompagner dans la lecture de notre propre version de cette œuvre que nous avions créée en 1997. Il a accepté immédiatement.

Nous sommes ravis de témoigner de l'amitié dont Pierre nous a régalés, de son ouverture aux luttes et aspirations libertaires des peuples de l'Amérique latine. Un exemple éloquent fut sa participation à une soirée bénéfice pour l'Université des Mères de la Place de Mai. Ces mères têtues et courageuses ne pouvaient pas laisser Pierre indifférent, leur hardiesse devant le pouvoir oppresseur pouvait compter sur lui, sur son appui déterminé et sur la puissance de sa voix.

Le *Chant général* fut le début d'une série de présentations dans lesquelles Miron, Neruda, Falardeau et Acalanto « devinrent québécois de la même famille », car « tout ce qui est bon est québécois », disait-il. C'était sa façon bien à lui de proclamer l'universalité de sa propre culture.

Du groupe Acalanto, Carmen Pavez et Rafael Azocar

L'auteur est un célèbre auteur-compositeur-interprète. Texte publié le 3 octobre 2009 dans Le Devoir.

Anthropologie de Pierre Falardeau

Pierre Falardeau fut un ami personnel et très important à une époque charnière de ma vie. Nous avons été très proches. J'avais 19 ans, il en avait 26. Il m'enseignait l'anthropologie au cégep. Il m'avait pris sous son aile.

Il m'a beaucoup influencé artistiquement et politiquement avant que je ne sois connu comme chanteur. Le personnage première version de Paul Piché était d'ailleurs très falardien. Mais ça, c'était avant que Falardeau ne soit connu lui-même, alors ça n'a pas paru.

Une fois par année ou tous les deux ans, on se voyait avec beaucoup de tendresse et beaucoup d'amitié, comme lui seul est capable d'en donner, ce que ceux qui l'ont connu savent bien. Ça fait justement deux ans que je ne l'ai pas vu... Ça va être long cette fois-ci.

Paul Piché

Militant, chroniqueur et cinéaste, l'auteur est le fils aîné de Pierre Falardeau. Voici le discours qu'il a prononcé aux funérailles de son père le 3 octobre 2009, à Montréal, en l'église Saint-Jean-Baptiste. Aux dires de plusieurs, ce fut le moment le plus fort d'une cérémonie très belle et très émouvante. À la sortie de l'église, Jules a eu la générosité de nous remettre sa propre copie de ce texte pour publication dans Le Québécois, *et ce, sans même qu'on ne lui demande. Merci l'ami.*

Durant la cérémonie, avant de débuter sa lecture, Jules a tenu à remercier tous les Québécois qui ont témoigné leur soutien à la suite du décès de Pierre. Il a aussi dédié son texte à tous les gens qui se battent pour la liberté partout à travers le monde. Enfin, il a lancé un avertissement aux journalistes. « Je m'adresse à certains journalistes à l'éthique douteuse, a-t-il dit, non à tous les journalistes. Les journalistes concernés se reconnaîtront probablement d'ailleurs ».

Un bon père et un grand patriote

Mon père disait : « Tous les médias sont contre nous, faque y nous montrent jamais rien les esties d'bâtards! ». Mon père s'est servi de toutes les tribunes possibles pour passer son message, il ne m'en voudrait donc pas d'utiliser cette tribune. Est-ce que l'art doit être au service de la révolution? Si t'es un révolutionnaire, oui. C'est ce que mon père était, un révolutionnaire.

Certains journalistes ont posé la question à sa mort : Est-ce qu'il a vraiment aidé le mouvement souverainiste ou lui a-t-il nui? C'est assez ironique d'entendre une telle question de la part de ces vampires, de ces sangsues qui n'ont rien fait avancer du tout et qui défendent le statu quo, donc un système qui mène l'humanité à sa ruine. Je sais que, dans bien des années, mon père va être encore présent dans la mémoire des Québécois : ses films, ses livres, ses discours, sa pensée, son combat. Et vous, messieurs les journalistes, que va-t-il rester de vous après votre mort? Rien qu'un petit tas de cendres puantes.

Certains journalistes l'ont accusé de n'avoir aucun respect pour ses ennemis. Wow! Je vais vous donner un exemple de gens qui n'ont aucun respect pour leur adversaire. Lorsque quelqu'un publiait une lettre d'insultes adressée à Pierre Falardeau dans *La Presse*, mettons, mon père écrivait toujours une réponse. Mais habituellement le journal en question ne publiait pas la réponse. C'est certain qu'elle était publiée plus tard dans un autre journal, mais l'impact est différent si ladite lettre paraît dans les trois jours suivants dans *La Presse* que si elle paraît trois semaines plus tard dans un journal indépendant.

Certains journalistes ont affirmé que les jeunes ne se reconnaissaient pas dans le message de souveraineté supposément « dépassé » de mon père. Encore là, ces journalistes ont fait une belle preuve de leur ignorance ou de leur malhonnêteté, puisque les jeunes ont toujours adoré mon père. Je dirais plutôt qu'ils ne se reconnaissent pas dans la vision de la souveraineté de nos élites politiques. Et ce sont ces mêmes jeunes qui l'ont invité à faire des conférences dans leurs écoles aux quatre coins du Québec.

Certains journalistes l'ont accusé d'être raciste. Tout le monde qui connaît mon père sait très bien que cette accusation est l'un des nombreux procédés subversifs des médias pour discréditer quelqu'un. Mon père a fait le tour du monde, il est allé travailler dans le Grand nord, il est allé au Brésil rencontrer les paysans sans-terres, il est allé au Sénégal, en Algérie, il a lu les écrits de plusieurs combattants de la liberté à travers le monde, de Guevara à Ho Chi Minh en passant par Thomas Sankara, il a appuyé les Palestiniens, les Chiliens, etc.

Quand il allait faire une conférence dans une école comme Louis-Joseph-Papineau, il était tout fier de me dire qu'il avait réussi à capter l'attention de jeunes Haïtiens en faisant des parallèles entre notre lutte et Toussaint Louverture ou Malcolm X, à capter l'attention de jeunes Latinos en leur parlant des sandinistes ou de Salvador Allende. Mon père était un homme très intelligent, très érudit et aucunement raciste. Mais pour la classe dirigeante, c'est très dur à accepter un intellectuel qui ne plie pas l'échine, un intellectuel pas colonisé, comme dirait Reggie Chartrand.

Je vais maintenant vous raconter une anecdote. La seule fois où mon père est allé à la soirée des Jutras, c'est lorsque *15 février 1839* était en nomination. J'ai regardé cette soirée à la télévision de Radio-Can, et j'attendais impatiemment qu'il monte sur scène, parce que je savais que ça n'allait pas être un banal discours de remerciement, mais plutôt un discours indépendantiste, et ce, en direct à la télé. Finalement, pendant la soirée, *15 février* a récolté quelques prix, mais aucun où mon père avait à monter sur scène. Pas pour meilleur scénario, pas pour meilleure réalisation et pas pour meilleur film. Un film de marde a raflé ces prix alors que c'était clair que *15 février* était le meilleur film québécois de l'année. Mon père s'en crissait pas mal des trophées, on ne l'achetait pas, mais quand je l'ai vu revenir, j'ai vu la déception sur son visage, la déception de ne pas avoir pu utiliser cette mascarade afin de passer son message.

Nos adversaires sont prêts à toutes les bassesses pour nous asservir, pour nous empêcher de nous libérer, et nous devrions avoir du respect pour eux? Hahaha!

Une lutte politique, c'est long et c'est sale. Une lutte politique, ça se passe à chaque moment, à chaque jour, à chaque geste, à chaque choix de consommation. Ça ne se résume pas à déposer un bulletin de vote dans une urne une fois tous les quatre ans. Et c'est précisément à cela que nos médias réduisent la politique. Je comprends la population de manifester un tel cynisme face à cette politique.

Les journalistes ont cette capacité de se servir des propos de quelqu'un et de lui faire dire ce qu'ils veulent. Ça été vrai pour mon père, et c'est vrai pour tous les gens qui menacent le statu quo. Ce sont des fouille-merde, la lie de la société, et dans les prochaines années, il faudra tout mettre en œuvre pour réduire leur influence néfaste sur notre propre ignorance.

Demain, on prend la journée pour réfléchir et avoir de la peine, mais lundi le combat reprend. L'avenir du Québec est entre les mains de chaque Québécois, quelle que soit sa couleur, sa religion ou sa place dans la société. Mon père comprenait le Québécois ordinaire parce qu'il en était un, et c'est pour cela que les Québécois se reconnaissaient en lui.

C'est ce que notre élite politique doit comprendre, et je m'adresse là au Parti Québécois. Vous êtes censés être notre levier vers l'indépendance, si vous ne le faites pas, vous n'avez aucune raison d'exister. Vous devez regagner la confiance des Québécois et je vous exhorte à ne plus jamais tourner le dos à votre base militante la plus acharnée, ce que plusieurs appellent les « purs et durs ». Sans ces éléments les plus déterminés, vous n'y arriverez pas.

Il est temps que le mouvement souverainiste se soude, qu'on arrête de se diviser sur la couleur du prochain tapis de l'Assemblée nationale, et que tous les Québécois, on travaille tous ensemble pour bâtir ce pays. Les ouvriers, les cultivateurs, les étudiants, les infirmières, tous ont un rôle à jouer, et il faut arrêter d'attendre que nos politiciens se sortent la tête du cul pour agir.

La première chose que chacun peut et doit faire, c'est de s'informer, et ailleurs que dans cette *bullshit* que sont les médias traditionnels. Il faut connaître notre histoire, nos ennemis, nos héros, et ainsi se bâtir une conscience et une fierté nationales. Le jour où tous les Québécois seront bien informés et conscients que leur survie en tant que peuple passe par un Québec libre, plus jamais nous n'aurons de gouvernement libéral et nous aurons un pays. Le combat pour la liberté est le plus dur des combats, mais c'est aussi le plus noble. Vous vous êtes battus au côté de mon père, aujourd'hui mes frères, nous continuerons le combat ensemble.

Je m'adresse à mon père :

Merci pour tout. Tu m'as donné le goût d'être un Québécois fier. Tu m'as donné le goût de ne pas faire partie de ceux qui rampent sur le sol pour une gâterie. Tu m'as transmis ta haine de nos ennemis et, plus que tout, tu m'as donné le goût de me battre chaque jour pour la liberté. Merci p'pa, tu as été un bon père et un grand patriote. J't'aime.

Je vous laisse sur trois citations. Deux que mon père adoraient et la dernière que moi je trouve appropriée :

« It's good to know who hates you, and it's good to be hated by the right people »
– Johnny Cash

« Rien n'est plus précieux que la liberté et l'indépendance »
– Ho Chi Minh

« L'arbre de la liberté doit être arrosé de temps en temps avec le sang des patriotes et des tyrans »
– Thomas Jefferson

Nous vaincrons!

Jules Falardeau

L'auteur est cinéaste et comédien. Reconnu notamment pour son rôle d'Elvis Gratton dans les films de Pierre Falardeau, il a collaboré à la réalisation de plusieurs documentaires avec ce dernier. L'allocution qui suit a été prononcée aux funérailles de Pierre Falardeau, le 3 octobre 2009, à l'église Saint-Jean-Baptiste, à Montréal.

Permettez-moi d'abord ces quelques mots en mon nom…

Merci Fafa!

Merci pour cette amitié qui nous a permis de réaliser certains de nos rêves, de vivre des moments que je n'oublierai jamais et d'affronter certaines de nos déceptions et aussi quelques différents que nous avons eus déjà.

Je suis fier de toi, Pierre. Je suis fier de cette grande famille que tu as rassemblée ici avec tout ton amour et ta passion et aussi par ton travail et tes convictions profondes.

Falardeau, aujourd'hui le Québec raisonne de ton silence!

Salut l'ami!… Salut l'homme!… Salut l'artiste!

(Il enchaîne avec la lecture de L'Évangile de Luc *: « Un pharisien invita Jésus à déjeuner chez lui...)*

Julien Poulin

Homme profondément engagé dans la pastorale sociale, l'auteur, décédé en 2010, était le prêtre qui a officié aux funérailles de Pierre Falardeau. Il s'agit ici de l'homélie qu'il a prononcée pendant la liturgie de la parole, à la suite de la lecture de la Lettre de Paul aux Romains 8 *(versets 14-16, 18 et 22-23) et de l'*Évangile de Luc 11 *(versets 37-42a, 43-51 et 52-53).* Elle a *également été publiée dans la revue* Relations *en décembre 2009.*

Un homme debout

J'aimerais commenter brièvement les textes que nous venons d'entendre. Commençons par l'*Évangile de Luc*. L'évangéliste montre Jésus fustigeant les pharisiens et les légistes avec une énergie peu commune. Les pharisiens étaient les maîtres à penser chez les Juifs de l'époque et les légistes faisaient partie des responsables du Temple, le centre du pouvoir. Ils imposaient aux gens des fardeaux accablants qu'ils ne touchaient pas eux-mêmes du petit doigt. Cette diatribe va perdre le Nazaréen. En effet, à la fin du passage que nous venons de lire, il est dit que les scribes et les pharisiens s'acharneront contre lui, en lui tendant des pièges pour le faire disparaître.

On peut se poser les questions suivantes : Pourquoi le Galiléen affronte-t-il ainsi les autorités en place? Pourquoi risque-t-il sa peau? Pourquoi déclare-t-il les pharisiens malheureux? Quelle passion l'habite qui l'incite à agir de la sorte? Car c'est bien là le tragique de la situation : ses détracteurs s'empareront de ses paroles pour l'accuser sans jamais deviner ce qui en était la source vive. Ils ne se sentent pas malheureux mais profondément dérangés dans leurs privilèges.

Or, en parcourant l'évangile, il est facile de voir où Jésus prenait sa force et quelle passion le dévorait. Il suffit de revenir au dernier repas qu'il a pris avec ses amis, la veille de son arrestation et de sa mort. Alors qu'il prenait le repas avec eux, Jésus sort de table et s'en va prendre la place du serviteur, de l'esclave qui faisait le service et essuyait les pieds des convives. Revenu à table, il leur demande s'ils ont compris le mime qu'il vient de faire. Comme ses amis venaient de se disputer entre eux pour savoir qui sera le plus important dans ce nouveau royaume qu'ils attendaient, leur réponse est évidemment non. Ce que Jésus leur dit à ce moment-là est à peu près ceci : « Nous voici rassemblés autour d'une table bien garnie. Nous avons là l'avenir de l'humanité dessiné à grands traits : que tous puissent avoir droit aux biens qui sont abondants et qui appartiennent à tout le monde. Mais comment allez-vous conserver cette orientation et ne pas vous contenter de manger tout seuls en oubliant ceux et celles qui ne sont pas à table? Comment allez-vous exercer le pouvoir et faire de la place à ceux qui n'en ont pas? Eh bien! Sortez de table! Mettez-vous à la place de la personne qui n'y est pas. Vous verrez alors que du neuf est possible et qu'il faut faire de la place à table à la personne qui en est exclue. Si vous le faites, il faudra bien distribuer la soupe autrement, distribuer le pouvoir autrement, distribuer le savoir de telle sorte qu'il tienne compte du savoir de tout le monde. Votre pouvoir deviendra service, non une domination pour maintenir vos privilèges. Et alors vous connaîtrez une joie que personne ne pourra vous enlever. Vous serez heureux, oui! heureux, si du moins vous mettez ça en pratique. »

La conviction de Jésus d'être déjà dans le monde de l'avenir explique sa façon de vivre. Pour reprendre la *Lettre de Paul aux Romains*, ce dernier était convaincu que le Souffle de vie l'habitait et qu'un monde neuf allait surgir. Il en sera le premier de cordée et tous ceux et celles qui se feront solidaires de leurs frères et de leurs sœurs laissés hors de la table verront qu'il y a du neuf à faire et que personne ne pourra faire taire leur voix car elle vient de plus loin qu'eux.

Je n'ai pas besoin de canoniser ici Pierre Falardeau. Mais je sais qu'il a voulu faire sien le destin de tout un peuple, un peuple dépossédé par les puissants et les intrigants. À ce titre, il mérite plus que notre admiration. Il s'est tenu debout et nous invite à faire de même. Il est une voix qui laisse les enfants de demain nous regarder dans les yeux et nous demander quel bonheur nous sommes en train de leur préparer. Quelle société, quel environnement, quel vouloir-vivre ensemble nous allons leur laisser. Qu'il en soit chaleureusement remercié. Car le neuf dont nous avons besoin est dans cette direction.

Guy Paiement, s.j.

L'auteur était le petit frère de Pierre Falardeau, le troisième d'une famille de quatre enfants dont Pierre était l'aîné. Dans le film 15 février 1839, *il a interprété le rôle du patriote manchot Pierre-Rémi Narbonne, pendu avec quatre de ses compagnons par le pouvoir anglais. Le discours qui suit a été prononcé aux funérailles de son grand frère Pierre, le 3 octobre 2009, à l'église Saint-Jean-Baptiste, à Montréal.*

Salut Pierre!

Je suis sûr que tu rirais de moi avec mon complet, mais c'est pas pour toi que je le fais, c'est pour Jeannine, parce qu'elle voulait toujours qu'on soit chics dans ces occasions-là. Alors je l'ai mis quand même.

Mon grand frère Pierre...

Tu te souviens, Pierre, j'avais cinq ans... Ébloui par tes modèles réduits, je fis voler ton fameux « Lancaster ». J'attendis la claque sur le bord de la tête... Rien ne vint.

Tu te souviens, Pierre, un jour à la patinoire, un grand m'avait rentré dans bande... Tu t'es rué sur lui comme un tigre! Tu seras ainsi toute ta vie!

Tu te souviens encore, Pierre, j'avais 12 ans, tu en avais 20... Arrivé à la maison, je descends à la cave, te sachant là. Tu peignais, à la canette noire, un coton ouaté vert avec une fleur de lys. et « Québec libre », fait proprement au « stencil ». Toute ta vie, t'auras des chandails faits main avec les dessins de tes enfants ou l'image d'une cause.

Avec le chandail dans le visage, à cheval sur ta Vespa bleue, nous chevauchions Montréal, de la « Casa espagnole » au « Rock Head Paradise », l'espoir au cœur...

Plus tard, tu m'as encore défendu. T'en as défendu des tonnes d'autres! À défendre, on accumule les coups et les ennemis, mais jamais tu ne baissas les bras! Toujours là, toujours prêt, toujours vrai! Les ennemis ne t'ont pas terrassé. Et je sais que tu reposes en paix. Cependant, le vrai, tu ne l'as pas vu venir. Il t'a terrassé, toi le géant, mon frère, mon ami, mon compagnon de cordée. T'en étais qu'au 12ᵉ round, il t'en restait au moins 4. J'aurais aimé que tu t'appuies, pour que je t'aide à retourner au combat, mais comme dans les films de guerre que tu me faisais écouter en me réveillant le soir, je ne t'ai même pas tenu dans mes bras quand la musique apparaît et que les bruits de la guerre s'estompent.

C'est pas juste, Pierre! La plupart des vieux dictateurs et des vieux salauds meurent centenaires. Je sais que tu vas être bien là-haut avec Jeannine qui va te faire ses fameuses tartelettes au sirop d'érable à la crème fouettée, son jambon pis son rôti de porc frais, ses tartes aux œufs. Alphonse va te dire un p'tit mot. Il va sûrement planter un arbre. Son « scrapbook » doit être rendu pas mal épais. Avec Gilberte, Ted, Roger, Ernest, grand-maman, tu leur organiseras un party. Avec tes jokes salaces, tu leur diras les films que tu feras là-bas, avec des budgets séniles, esti!...

En partant, tu as éclaté en milliards de particules et moi j'en suis déjà irradié, comme des milliers d'autres. J'ai le goût de bouger, d'accomplir! J'ai hâte de te revoir. Tu verras, ça va passer vite. Tu as déjà tout ton temps et, ensuite, on aura l'éternité.

Adieu Pierre!

Jean Falardeau

L'auteur fut un syndicaliste et l'un des plus brillants essayistes québécois. On lui doit notamment les ouvrages La ligne du risque, L'autorité du peuple, Un génocide en douce *et* Les deux royaumes. *Le texte qui suit a été lu par le comédien Luc Picard lors des funérailles de Falardeau, publié dans* Le Devoir *du 3 octobre 2009 et reproduit dans le recueil* En quelques traits *(Lux, 2014).*

À la mémoire d'un ami

Pierre Falardeau, l'artiste, le patriote, le contestataire, l'humaniste virulent, nous a quittés pour ainsi dire abruptement. Qui se serait attendu à ce départ? Il débordait de vie. Je l'avais rencontré au printemps, prenant part avec lui à une émission radiophonique. On sait aujourd'hui qu'il était malade depuis longtemps, mais rien alors n'y paraissait. Je l'ai vu, en cette occasion, pétulant comme toujours, énergique, sur la brèche. Je ne me doutais vraiment de rien. Nous avons appris depuis peu qu'il était gravement atteint. Ce contraste est à son image : l'homme était si extraordinairement vivant que ses misères mêmes, nous n'en devinions rien. Il les cachait, d'ailleurs.

Alors, voilà : du jour au lendemain, pour nous, il devient un souvenir, un exemple, une figure, un symbole, qui s'inscrit dans l'histoire.

Je désire d'abord évoquer le personnage tel qu'il fut, tel qu'il se manifestait au quotidien ou dans son action.

Il était tout en mouvement, plein d'activité et, ce qui fait contraste, très présent néanmoins aux individus, très attentif. Des gens l'arrêtaient fréquemment dans la rue. Les gens le connaissaient, ainsi que son action et le sens qu'elle avait. Ils aimaient son tempérament fougueux, son parler sans détour.

Chemin faisant, il semait des aphorismes, dont plusieurs méritent de rester, comme ceux-ci : « On va toujours trop loin pour les gens qui ne vont nulle part » ou « Pour les lâches, la liberté est toujours extrémiste ». Il avait l'art de la formule. Son discours était percutant.

Je me souviens de nos conversations, relativement peu fréquentes mais pleines de sens. Il se livrait lui-même dans ses propos, quand il parlait de politique. C'était caractéristique. Falardeau se révélait en effet, car il parlait avec son âme, quel que fût le sujet. Alors, quand je me rappelle sa conversation et que j'essaie de préciser l'impression qu'elle me laissait, je me rends compte qu'une qualité particulière ressortait de ses paroles comme de ses actes. Qu'était-ce donc? C'était, tout au fond, la bonté.

La bonté. La justice aussi, non pas une justice froide, mais plutôt celle, surabondante, non négative, dont on s'inspire pour rendre leur dû à ceux qui le réclament avec besoin : le peuple, la nation, les laissés-pour-compte. Pierre Falardeau débordait de cette richesse intérieure, dont il ne faisait pas parade, bien au contraire.

Mais il connaissait aussi une autre justice, une justice de combat, celle de son action politique. En cette matière, il était intraitable. Il ne faisait pas de quartier. Il ne cédait pas un pouce de terrain. On l'a bien vu, encore une fois, quand il a combattu d'une manière soudaine et sans réplique le projet fédéral de donner une représentation publique de la bataille des plaines d'Abraham. Qu'est-ce qu'on proposait donc? Une capitulation symbolique, maintenant? Raisonnement immédiat du militant : la France a-t-elle jamais célébré la bataille de Waterloo? Alors, Falardeau, de sa propre autorité — et seul, remarquez-le — a apostrophé les responsables. Ce n'était pas une simple protestation, c'était une mise en demeure, péremptoire, définitive. L'éclat de ce geste individuel a été tel que le fédéral a reculé, armes et bagages. « Notre pays a été conquis par la force et annexé par la force », avait écrit Falardeau.

Son intervention a été suivie d'effets. Dans la foulée, l'idée a germé de lancer dans le public une spectaculaire rétrospective de quatre cents ans d'histoire. À cette fin, on a, en s'appuyant sur une série de textes fondateurs, créé ce qu'on a appelé Le Moulin à paroles. Le raccord se faisait là avec la continuité foncière de notre histoire, par-delà la Conquête, et aussi en contradiction avec nos hésitations actuelles.

Tout cela était dans la ligne de ce que Falardeau n'avait jamais cessé de rechercher. Ses derniers jours ont donné en quelque sorte son testament humaniste et politique. Qui peut savoir si une nouvelle étape ne commencera pas ici, dont il aurait été à l'origine comme une cause fortuite? Les journaux, en tout cas, ont été remplis de sa présence pendant plusieurs jours après son décès. Cela est-il prémonitoire? Il est beau de voir la dépouille d'un homme auréolée du sens même de sa vie.

Parlons maintenant, trop brièvement, de son cinéma. Parmi sa production, mentionnons par exemple *Le Party* ou *Le Steak*, des films coups-de-poing. Le cinéaste dirige le regard le plus direct sur une humanité crue. Le choix de pareils sujets est hardi pour un artiste, parce qu'il traite une matière aussi rébarbative avec un sentiment profond des réalités humaines.

On peut retenir aussi, dans un bien autre registre, *Le Temps des bouffons*. L'ironie, le persiflage sont quelque chose d'extrêmement rare au cinéma. Pour faire ce film, un film très court, Falardeau s'introduisit au Beaver Club où, pendant une vingtaine de minutes, il immortalisa la bêtise... Deux ou trois bourgeois bien connus, hommes publics, s'y donnaient en spectacle, dont un ex-ministre fédéral. Pareille scène est sans prix, comme dans Molière.

Mais il faut surtout rappeler le chef-d'oeuvre de Pierre Falardeau : *15 février 1839*. C'est peut-être le plus beau film du répertoire québécois. Il porte, comme on le sait, sur l'exécution de Chevalier de Lorimier, à la suite de la Rébellion. Ce film n'aurait pas pu être réalisé sans une grande profondeur de pensée et un sens dramatique à l'avenant, ni sans que l'auteur fût lui-même personnellement envoûté par l'histoire nationale et imbu de la précarité de notre situation politique, dominée depuis plus de deux siècles.

Bernard Pivot, lors d'une émission de la série *Double je*, avait remarqué et distingué Pierre Falardeau, personnage du cru, un peu hirsute, ardent, et sa faconde, sa passion, son évidente authenticité. On aurait dit que Pivot entrait plus profondément dans la réalité québécoise par ce contact avec un pamphlétaire-né, et son langage, et ses manières de militant tout d'une pièce. Les Québécois n'ont généralement pas le flegme des Anglais. Pivot était bien servi.

La sincérité de Falardeau était sans faille. Elle se manifestait dans ses propos, dans ses gestes, dans ses excès aussi (ceux-ci, d'ailleurs, à certains moments, il faut bien le dire, poussés un peu trop loin). Cela compensait les prudences intéressées, l'inconscience politique, la mauvaise foi, dont il était l'ennemi juré.

Mais pouvons-nous ici risquer un paradoxe? Pierre Falardeau, l'extraverti, l'agitateur, fut aussi, plus profondément, un méditatif. Il n'aurait probablement pas, je pense, rejeté cette idée.

Il nous reste maintenant à faire le plus difficile, qui est de saluer cet homme au seuil du mystère, dans une pensée si possible optimiste, et en réfléchissant sur le temps. Nous le faisons collectivement, car c'est à nous tous que, dans sa vie, il n'a cessé de s'adresser. C'est parmi tous qu'il vivait. Alors, nous sommes venus, nous sommes présents. L'histoire devra maintenant fixer son souvenir dans son ampleur, et aussi son enseignement. Il a laissé des traces, des écrits, des oeuvres, des images, une leçon, des exemples; entre autres, celui de ne jamais abandonner. Que sommes-nous venus faire ici? L'en remercier, je crois.

Pierre Vadeboncoeur

L'auteur est codirecteur du collectif Identité québécoise. Il a également été directeur artistique de l'agence de publicité Bos et collaborateur au magazine Urbania. Ce texte a été diffusé le 2 octobre 2009 sur le site Vigile.net.

« Lève la tête, mon frère! »

« Moi, je me sens du côté de l'humanité qui se bat pour la liberté et la justice partout sur la planète. Si on perd ici, notre combat va quand même servir ailleurs et il y aura des peuples opprimés victorieux. Il n'est donc pas question que je cesse de me battre. » – Pierre Falardeau

La mort de Falardeau a cela de tragique qu'elle annonce l'éventuelle disparition des militants de la première heure, celle des indépendantistes baby-boomers encore actifs. Falardeau n'aura pas pris pour acquis les gains temporaires de la Révolution tranquille, cette révolution entravée par le confort des uns, l'indifférence des autres ou par tant de bouffonneries.

La chute inéluctable des prochains piliers du mouvement fera tout aussi mal que celle de Falardeau. Leur sagesse nous fera défaut. Ils seront durs à remplacer par la génération qui les suit ou la mienne qui vient et qui s'éveille.

Mais, tant qu'il restera de la braise et des tisons dans le foyer, il existera toujours l'espoir d'accomplir le projet d'indépendance des Québécois.

La vie de Falardeau a eu cela de magique qu'elle a touché et enflammé des gens de tous âges, des jeunes, beaucoup de jeunes en fait, j'en suis et j'en connais une trâlée, pour qui le Québec est le plus beau et le plus grand des projets de développement durable. La mort de Falardeau a cela de magique. La lutte qu'il menait à sa façon et que nous continuons de mener pour l'émancipation de la civilisation québécoise n'est pas terminée. Il reste beaucoup à faire. Toutes les mains et toutes les têtes sont appelées à édifier notre pays, peu importe le poids et la qualité des outils de notre apport.

Voilà une des premières idées que je retiens de Falardeau. Chaque petit geste nous fait avancer.

Ça ne faisait pas longtemps que nous nous connaissions. J'avais imprimé des autocollants avec comme visuel un lys blanc sur fond bleu. Je les collais sur les boîtes aux lettres de « Postes Cadenas ». Je lui en avait envoyé quelques-uns, tout fier de cet acte, mais en même temps, gêné par le ridicule de sa réelle portée. Il m'avait répondu : « C'est bien tes p'tits collants (rires). En tout cas, j'sais pas si j'ai raison, mais chaque geste est important, même aussi petit que ça. »

C'est Falardeau qui est venu me chercher et qui m'a accroché.

Comme point de départ, je venais d'écrire un texte qui tentait un parallèle entre l'indépendance du Québec et la santé de l'industrie publicitaire québécoise. Le journaliste Stéphane Baillargeon en avait fait allusion dans le *Devoir*. À la fin de cet article, je demandais où étaient les penseurs québécois. Le lendemain matin, Falardeau m'appelait.

Voici le premier contact que j'ai eu avec lui :

« La publicité c'est d'la marde. Les publicitaires, vous faites toute d'la marde. Mais toé, t'as d'l'air moins épais qu'les autres, on dirait qu'tu penses. »

Il voulait lire le texte que j'avais écris, mais voulait que je lui envoie par la poste, n'étant pas sur le web. « J'ai pas Internet, mais ça me fait rien de maller des lettres, ça me permet de penser quand je marche. »

On est allés manger ensemble et cette rencontre initia une série d'entretiens qui ont marqué ma vie, enrichi ma culture personnelle, affirmé mon nationalisme et qui ont surtout fait germer en moi les assises du collectif Identité québécoise, cofondé avec l'auteur Philippe Jean Poirier, en janvier 2007. D'ailleurs, Falardeau a été le premier conférencier que nous avons invité.

En 2006, j'ai fait une entrevue avec lui dans un numéro d'*Urbania* sur le thème des ethnies. Le titre de cette entrevue : « L'ethnie québécoise ». Elle est présentement diffusée sur urbania.ca. Un passage de cette entrevue résume bien le personnage coloré et son aspiration :

— Est-ce que la place du Québec dans la délégation canadienne à l'Unesco est un pas vers la reconnaissance de la nation québécoise?

— Fais-moé pas chier avec tes questions niaiseuses. Je rêve que le Québec soit un pays normal avec une voix partout sur la Terre, pas un strapontin à l'Unesco. Contentez-vous pas de d'ça, câlisse!

Lors d'un entretien téléphonique dans un autre contexte, il m'a phrasé la même idée d'une autre façon : « C'est sûr qu'à genoux sur un strapontin, ça va mieux pour se faire enculer! »

C'était du Falardeau tout craché. À un moment donné, on va s'en ennuyer de ce genre de réponse.

Mais ce que je retiens de fondamental de nos rencontres, c'est qu'en peu de temps il m'a fait découvrir le cinéma direct québécois, Gilles Groulx, Pierre Perrault, Michel Brault, un cinéma qui l'a profondément marqué et dont il ne s'est jamais remis, disait-il. Il m'a aussi fait connaître l'histoire de Pierre Lemoyne D'Iberville, le conquérant, un des plus grands Québécois de notre histoire, un « esti d'malade » comme il disait aussi. Il m'a fait connaître Guy Frégault et il m'a expliqué le FLQ et les Patriotes, morceaux fondamentaux de notre mémoire collective. Il m'a fait connaître les écrits d'Albert Memmi et Frantz Fanon sur la colonisation, la musique de Mikis Théodorakis, le cinéma de Masaki Kobayashi qui, selon Pierre, a produit la plus grande oeuvre cinématographique : *La Condition humaine*. Il m'a aussi fait réaliser que notre lutte pour la liberté du Québec est aussi une lutte pour la liberté de tous les peuples. Que nous sommes tous unis.

Voici un dernier passage de notre entrevue où je lui demandais s'il avait un message qu'il voulait adresser aux Québécois.

« Quand je suis allé en Algérie après l'indépendance, Ben Bella avait réuni dans le stade d'Alger tous les cireurs de chaussures. Il y avait un grand feu et ils brûlaient leurs boîtes à cirage. Le titre de son discours était : "Lève la tête, mon frère!" C'est ce que j'aimerais dire aux Québécois. Aux immigrants, j'aimerais dire : "Bienvenue chez nous, je vous tends la main, ne la refusez pas!".

Falardeau, tu vas nous manquer!

Vive la liberté! Vive l'indépendance!

Simon Beaudry

*L'auteur est cinéaste. On lui doit notamment la trilogie sur les vertus théologales (*La Neuvaine, Contre toute espérance, La Donation*). Le texte qui suit a été publié dans* Le Devoir *le 3 octobre 2009 et repris dans* Il y a trop d'images *(*Lux, 2011*), recueil de textes de l'auteur.*

Pour comprendre la colère

Pour comprendre la colère de Pierre Falardeau, il convient de se rappeler que les peuples ne meurent pas deux fois. La première fois est la bonne.

Déjà, un million des nôtres ont été avalés par l'Amérique au siècle dernier. Il en reste des traces dans les villes et villages de la Nouvelle-Angleterre : un nom de rue, l'enseigne d'un commerce, une église. Ou alors, dans une équipe de baseball ou au générique de fin d'un film hollywoodien, un Tom Maynard, une Janet Trimble.

Nous sommes un petit peuple, une petite nation, une petite culture; nous sommes, au fond, si peu au regard de l'histoire du monde. Mais allez dire à un mourant qu'il est bien peu de choses. « La mort d'un peuple, c'est aussi la mort de quelqu'un », a écrit Miron.

Une culture qui meurt, c'est un univers qui disparaît. Non, nous n'avons produit ni Dante, ni Shakespeare, ni Balzac. Nous sommes un petit peuple de paysans montés en ville. Et pourtant, il y a Miron, il y a Gilles Groulx, Gérald Godin, Pierre Perrault. Une sorte de miracle. Mais les livres n'existent que si on les lit, et les films, que si on les regarde.

Pour comprendre la colère de Pierre Falardeau, il faut se rappeler qu'un peuple peut survivre à des siècles de défaites et d'oppression, mais qu'il ne peut pas survivre à sa propre indifférence.

Ainsi, nos ancêtres auraient peiné sur des terres de misère pour rien? Ils auraient enduré ce qu'ils ont enduré dans les chantiers des autres, dans les usines des autres, pendant tout ce temps, pour que leurs descendants se laissent couler en riant, peuple à genoux devant les amuseurs de la télévision?

Pierre Falardeau aimait citer Pasolini : « Je suis profondément convaincu que le vrai fascisme est ce que les sociologues ont gentiment nommé "la société de consommation", définition qui paraît inoffensive et purement indicative. Il n'en est rien. La télévision est au moins aussi répugnante que les camps d'extermination. »

Nous ne sommes même pas résignés. La résignation implique au moins qu'on reconnaisse le mal. Ce que nous vivons est pire.

Pour comprendre la colère de Pierre Falardeau, il faut se rappeler avec lui cette phrase de Bernanos : « La liberté n'est pas un droit, mais une charge, un devoir. »

En grande partie, l'élite de notre génération a été lamentable. Elle a tant reçu et si peu donné, embusquée derrière ses privilèges, ses droits acquis, son confort et ses REER, plus à l'aise à Paris qu'à Val-d'Or ou dans Hochelaga. À tous ces anciens gauchistes, libérés jusqu'à plus soif, revenus de tout, nostalgiques des manifs de leur jeunesse mais devenus notables, patrons de média, éditorialistes au service des puissants, il faudrait rappeler une petite phrase de Chris Giannou, médecin de guerre canadien qui a travaillé avec les Palestiniens, à qui on a demandé comment il se faisait qu'il avait conservé les idéaux de sa jeunesse. Il répondit : « C'est à ceux qui ne les ont pas gardés qu'il faut poser la question. »

Pasolini, encore : « Il se peut que des lecteurs trouvent que je dis des banalités. Mais qui est scandalisé est toujours banal. Et moi, malheureusement, je suis scandalisé. »

Ceux qui ont connu Pierre Falardeau savent que c'était un tendre, un timide, un homme attentif, curieux des autres, qui savait et aimait écouter. Un lecteur pénétrant aussi. De La Boétie à Aragon, les citations dont il émaillait ses textes feraient une magnifique anthologie de la liberté, de la responsabilité et de la résistance.

Mais voilà : le doux prenait ces textes au sérieux. Il savait ce qu'il y a de réalité dans ces phrases de Frantz Fanon, d'Aimé Césaire, de George Orwell, de Pablo Neruda. Derrière les mots, il y avait la vie des hommes, leur malheur et leur espoir. On ne joue pas avec ces vérités-là.

Alors, il s'est battu, le dos au mur. Il savait que le temps lui était compté, comme il est peut-être compté à notre peuple. C'était un homme.

Bernard Émond

Lettre à la famille écrite par les voisins de Pierre Falardeau dans les jours suivants sa mort. La missive était accompagnée de dessins d'enfants.

À Manon et ses enfants,

Un grand sourire sur le dessin que Margot a fait pour Pierre Falardeau au milieu d'une grande tristesse en apprenant, très surpris, le décès de Pierre. Depuis je pars chaque jour en passant dans la ruelle et chaque jour, matin et soir, je pense à lui et n'en finis pas de rester incrédule. Il nous apparaissait, à Luc et à moi, comme un homme remarquable, tant sur le plan public (dans son esprit de résistance, son souci de l'éducation et dans sa mission de réveil des consciences) que sur le plan privé par son attitude ouverte, chaleureuse et sa curiosité des autres. En espérant qu'il vous a laissé beaucoup de beaux souvenirs et qu'il vous inspirera toujours; il nous laisse à nous un exemple et des œuvres qui enrichissent la culture québécoise.

« Les voisins de ruelle »
Viviane et Luc Giguère
(et Margot 6 ans, Ulysse 4 ans, Gaspard 1 an)

L'auteur est essayiste, directeur-fondateur du journal Le Québécois, *cofonda-teur des Éditions du Québécois et président-fondateur du Réseau de résistance du Québécois. Texte écrit une semaine après la mort de Falardeau et publié dans* Le Québécois.

Salut Pierre!

Peux-tu croire que ça fait déjà une semaine que tu nous as quittés? Moi pas. Faut dire qu'on te sent encore très présent dans ce Québec sous occupation. Ta mort alimente les médias comme ce n'est quasiment pas possible de le croire. Les éditorialeux et chroniqueux se fendent de papier qu'ils veulent savants. Plus souvent qu'autrement, comme tu peux bien t'en douter, après tout tu as appris à les connaî-tre fort bien de ton vivant, leurs articulets ne valent pas même le papier sur lequel ils sont écrits. Je t'entends encore dire : « Alouette, gentille alouette ». Mais les gratte-papiers, ces Elvis Gratton du jour-nalisme, on s'en fout.

Ce qui est important, comme tu nous l'as toujours si bien démon-tré, c'est le peuple, c'est le Québécois de la rue, le citoyen ordinaire qui hier encore était un *Pea Soup*. Et lui, Pierre, je te jure qu'il est en pleurs depuis qu'on a annoncé que cette saleté de cancer t'avait emporté. Les Québécois ont très bien compris que tes coups de gueule, tes sorties tonitruantes étaient tout à fait justifiés et mérités. Faut que tu le comprennes bien, Pierre. Tu as été compris par ceux qui comptent. Pendant que les idiots ont regardé le bout de ton doigt qui pointait, les Québécois qu'on dit ordinaires (plus adéquat serait de dire normaux) ont su voir ce que tu montrais : un système politique d'une violence inouïe à l'égard du Québec, un système qui œuvre depuis des lustres à la canadianisation du pays québécois en devenir que tu as tant aimé. Les faiseux te reprochent le vocabulaire que tu as utilisé pour dénoncer cette infamie, mais jamais ils n'osent critiquer le système. Ce sont des traîtres à la cause québécoise. Il n'est donc que normal qu'ils te détestent. En fait, tu devrais être fier que ces têtes-à-claques éprouvent de tels sentiments à ton égard. Qui voudrait être aimé de Judas?

Au cours de la dernière semaine, plusieurs souvenirs que je partage avec toi me sont revenus à l'esprit. Te souviens-tu de notre première rencontre? C'était en 1996 ou en 1997. C'était au bar Chez son père, là où j'ai appris à devenir le frère d'un ti-gars que tu as beaucoup aimé, je parle de Pierre-Luc. T'étais venu nous saluer, nous les militants qui venions d'accrocher le drapeau des Patriotes à l'hôtel de ville de Québec. Tout ce que j'ai pu te dire d'emblée c'est « Pierre, t'es mon idole ». C'était vraiment ridicule et maladroit, mais ce n'en était pas moins vrai. Et tu sais quoi? Au cours de la dernière décennie de combat indépendantiste, tout ce que tu as fait, je l'ai assumé et accepté, même si parfois je n'étais pas rendu à un stade, dans ma formation de militant, où je pouvais comprendre parfaitement la portée des coups de canon que tu dirigeais contre notre ennemi commun.

Je me souviendrai aussi toujours de la journée où, à 6h du matin, le téléphone se mit chez moi à sonner et sonner et resonner. Les journaleux cherchaient quelqu'un pour commenter la décision qu'on avait prise de publier ton texte intitulé « L'enterrement du bonhomme carnaval », ton « oraison funèbre » adressé à un faiseux fédéraliste, Claude Ryan. J'avais fait la tournée des médias pour défendre ton texte et notre décision de le publier. Dix-huit entrevues à la télé, à la radio, pour les journaux, voilà le bilan de cette journée folle. J'avais trouvé ça pas mal dur de faire ainsi face à la musique, je me permets de te le confier aujourd'hui. Je me suis dit : « comment fait-il, lui, pour parler à tous ces gens qui nous détestent tant? Il est crissement courageux ce cinéaste ».

Et oui, tu l'étais courageux, c'est l'évidence même. Tu l'étais encore plus du fait que tu étais conscient de la méchanceté dont pouvait faire preuve ce système liberticide. Tu savais fort bien que nos ennemis sont puissants et impitoyables. Mais cela ne t'a jamais arrêté, toujours tu as continué à défendre notre rêve de liberté. Quand tu enjambais tes chevaux de bataille contre Téléfilm Canada, Power Corporation ou n'importe quels crosseurs qui profitent du Québec et de nous tous, ceux qui animent les nouveaux temps des bouffons, tu savais que ça risquait de faire mal. Mais tu y allais quand même. Je me souviens d'une conversation qu'on a eue chez moi, quand tu es venu en tournée pour parler aux Gaspésiens des bienfaits de la liberté. Tu m'as confié que souvent, quand les éléments se déchaînaient contre toi, tu trouvais parfois dur d'être isolé, que tes potes ne t'appellent pas plus souvent dans de telles circonstances pour te remonter le moral. Vois-tu, Pierre, on a toujours cru que tu étais aussi solide que le roc, que tout cela ne t'affectait pas le moins du monde. Et nous avions tort. On aurait dû et j'aurais bien dû t'appeler plus souvent.

Mais je suis quand même bien content que notre dernier grand combat commun ait été couronné de succès; cela, je sais, ça t'a remonté le moral. Grâce à toi, tous les Québécois qui en ont plein le dos de se faire rire en pleine face et qui ne voulaient pas que la maudite reconstitution de 1759 ait lieu ont pu assister à un événement rare : le Canada pliant face à nous et rentrant dans ses terres, la queue entre les jambes. Ça, mon Pierre, c'est beaucoup grâce à toi. Tu peux en être très fier, malgré ce qu'en dirent les pas-d'échine. Ça me fait juste beaucoup de peine que tu n'aies pas pu venir célébrer avec nous tous cette victoire, sur les plaines, lors du Moulin à paroles. Le petit Ricard, Madame Haentjens, Biz et Jacques Baumier ont vraiment fait une bonne job. Ça nous a tous fait le plus grand bien de savourer entre Québécois une telle victoire! Ç'a nous a rechargé les batteries. Et on ne le savait pas encore, mais nous aurions besoin rapidement d'être en pleine possession de tous nos moyens. Ton départ est arrivé très peu de temps après. Et ç'a été comme un véritable coup de poing sur la gueule qu'on a tous reçu.

Pour l'instant, on est encore dans le feu de l'action. Ton départ nous semble irréel. C'est quand le cirque médiatique va se calmer que ce sera le pire. Là, on va sentir pleinement toute l'étendue de ton absence, là on verra le trou béant que ton départ a fait dans la ligne de front. Je me vois déjà boucler le prochain numéro du *Québécois*. Tes textes ne s'y retrouveront plus jamais. Ce petit journal indépendantiste qui ne s'en laisse jamais imposer face aux mêmes qui t'ont dénoncé à plus d'une occasion m'apparaîtra ô combien vide. Mais il nous faudra quand même trouver le moyen de continuer, envers et contre tous, comme toujours.

Ton combat que tu as mené avec tant de passion, d'intelligence et de courage est également notre combat. Tu es aujourd'hui auprès des patriotes qui n'ont pas vu le pays de leurs yeux, ceux du 15 février 1839 comme ceux qui sont partis tout juste avant-hier. Mais tout comme Bourgault, du haut de l'autre monde où il est, espère toujours la victoire du Québec, je sais que tu nous observeras toi aussi; je sais que tu continueras d'être exigeant envers nous et tu auras bien raison de l'être. La liberté est une cause bien trop précieuse pour qu'on n'y investisse pas nos meilleures énergies. Je sais très bien que tu veux qu'on leur en mette plein la gueule à ces pilleurs de peuple, à ces violeurs de liberté. Et je te promets une chose : même si je ne sais toujours pas comment on s'y prendra, sans toi à nos côtés, on va tout faire pour leur fourrer d'autres volées à ces maudits-là! Et, *À force de courage*, on y parviendra et on finira bien par vaincre!

Un jour, dans un bar, Pierre, j'ai eu l'air ridicule en te disant à quel point tu étais important à mes yeux. Aujourd'hui, en cet Octobre des espérances qui ne sont aucunement brisées, je te le répète : Pierre, t'es mon idole! Allez, salut camarade!

Patrick Bourgeois

L'auteur est journaliste, chroniqueur au journal La Presse *depuis 1972. Il s'agit d'ailleurs ici d'une chronique publiée le 3 octobre 2009 dans* La Presse.

Un honnête homme

Je dis un honnête homme. Enfin, je le dis plus loin. Mais d'abord l'imprécateur qui détestait tout de *La* « grosse » *Presse*, sauf moi peut-être. Il disait à répétition des horreurs sur quelques-uns de mes confrères pour lesquels j'ai de l'affection, et sur d'autres que je respecte. Je pense à Alain Dubuc. Je m'entends dire encore récemment à Falardeau : mais non Pierre, c'est pas une pute, Dubuc; c'est un surdoué qui donne parfois envie de fesser dedans comme souvent les surdoués, mais c'est pas une pute.

C't'un plein de marde! me renvoyait-il.

S'ensuivait une discussion forcément lapidaire sur le thème : peut-on être plein de marde et hyperintelligent? Il en avait convenu après qu'on se fût rappelé quelques-uns de ceux-là qu'on avait connus lui et moi, maoïstes tendance Hoxha – peut-on être plus plein de marde que ça? – et pourtant brillants eux aussi, et même parfois savants.

C'est comme ton amie Françoise (David) et sa gang de téteux, pas capables de se brancher clairement sur la question nationale, m'avait-il alors balancé.

Non, il n'était pas de tout repos, Falardeau. Des grenades plein les poches qu'il dégoupillait à tout propos et qui blessaient des gens que j'aimais. Même, une fois, il en a dégoupillé une pour tuer un mort. Non, ce n'était pas toujours facile d'être de son bord.

Combien de fois ai-je entendu en arrivant au bureau : fait chier, ton chum Falardeau.

Il me fallait d'abord rectifier : ce n'est pas mon chum. On ne se fréquentait pas. Il m'appelait parfois. La dernière fois, l'automne dernier. Il avait entendu dire que j'avais entendu dire qu'il était bien malade. J'en vois qui frétillent déjà à l'idée que je vais bientôt crever, avait-il déconné; dis-leur que je suis pas pressé. Il venait de passer un été épouvantable. Je l'avais réinvité, en vain, à venir faire un tour à la maison. J'ose pas, m'avait-il répondu. Il avait des mots comme ça qu'on n'attendait tellement pas de lui : j'ose pas. Mais bref, ce n'était pas un chum. D'ailleurs, je n'ai presque pas vu ses films, ni lu grand-chose de ce qu'il a écrit.

Ça m'a fait rire, cette semaine, tous ces gens qui disaient quel grand cinéaste il était. Et quel grand polémiste. Et quel grand patriote. C'est sûrement très vrai. Mais ce qui m'a amusé, c'est cette façon de prélever sur le cadavre le meilleur morceau pour mieux suggérer que le reste bof, le reste ne valait peut-être pas grand-chose. Petit poison diffus dans la tisane des éloges.

Et c'est tellement tout le contraire. Si Falardeau est grand, ce n'est pas par le cinéma, pas par la polémique, pas par l'écriture. C'est par la subversion. Il est grand de son refus des contraintes, de son refus de flagorner le pouvoir en particulier.

Dans Falardeau, c'est l'homme qui est grand.

L'honnête homme.

Pas honnête-scrupuleux-vertueux. Pas honnête et con comme un oeuf qui n'a jamais volé un boeuf. Pas honnête non plus comme peut l'être une politologue prof d'histoire[1], je veux dire pas honnête intellectuellement, de cette honnêteté purement cérébrale que n'irrigue jamais le sang du coeur.

Je dis un honnête homme. J'allais ajouter qu'ils sont rares, mais pas tant que cela. J'en connais d'autres, vous aussi vous en connaissez, des silencieux qui traversent la vie doucement « et aussi intimement que la couleur du ciel »[2].

Ils sont rares sur les tribunes. Ils sont rares dans les journaux. Ils sont rares debout devant un micro. Ils sont rares à prendre la parole. Ou alors ils la prennent le temps d'un livre pour dire ah! lala! comme les éléphants sont gros, et 20 ans plus tard sont devenus les plus gros de tous les éléphants qu'on n'avait encore jamais vus sur une tribune[3].

Je dis un honnête homme. Pas un éléphant. Un loup. Efflanqué et qui hurle, comme dirait Desjardins, chaque fois, et c'était souvent, que « les *downs* de ses *highs* lui défonçaient l'intérieur ». Un honnête homme, ajouterait le même, un honnête homme que personne n'a jamais enculé, comprenez n'a jamais enfermé dans aucune chambre de commerce, à qui jamais personne n'a passé les menottes, 62 ans de liberté, de révolte. Une putain de bonne cote.

Un honnête homme avec des fureurs imprécatoires. Jamais à la mode. Jamais dans le consensus. Toujours dans cette quête du pays qui en énervait tant. Avec cette extraordinaire capacité – qui n'est pas politique mais poétique – de transmuter sa libre parole en émotion pure.

Un honnête homme. Un poète. Je vous le redis, la poésie est une clameur.

$$* * *$$

J'arrive de l'église Saint-Pierre-Apôtre où le public était invité à se recueillir hier après-midi. Le défilé des gens. Certains s'agenouillaient brièvement devant le cercueil fermé. J'ai touché au bois en retroussant le tissu du drapeau du Québec. J'ai salué ses enfants, embrassé Manon, sa compagne.

Un grand soleil presque d'hiver éclairait le boulevard René-Lévesque. J'ai marché jusqu'à *La* (grosse) *Presse*.

Pierre Foglia

[1]Nommément Esther Delisle, politologue et prof d'histoire qui jubilait cette semaine dans nos pages, ce qui n'excuse pas Falardeau d'avoir dérapé à la mort de Claude Ryan, mais ceci explique peut-être cela.

[2]Walter Benjamin, écrivain juif allemand, que j'ai relu cet été dans *Une enfance berlinoise*.

[3]Du temps qu'il était maigre, Richard Martineau disait dans *La Chasse aux éléphants* combien les baby-boomers étaient gras.

Autre texte de Pierre Schneider (voir « Un combattant de la liberté »), celui-là rédigé le dimanche 4 octobre 2009, diffusé sur internet à l'époque et aussi publié dans le recueil La trahison comme mode de mort *(Éditions du Québécois, 2011).*

Cré Falardeau,
perturbateur jusque dans l'au-delà!

Quelles funérailles non conformistes que celles de l'ami Falardeau où la cérémonie religieuse, dans cette magnifique église Saint-Jean-Baptiste, a rapidement pris des allures de rassemblement patriotique, où les applaudissements de la foule se mêlaient aux cris de liberté et aux larmes d'une émotion à couper au fil du rasoir.

Sacré Falardeau qui a réussi à perturber les élites bien-pensantes de la souveraineté, même dans la mort, au travers des propos de ton digne héritier Jules Falardeau qui, comme son célèbre père, n'a pas eu peur d'appeler les choses par leur nom et de secouer l'inertie des salariés de la souveraineté qui assistaient à cette cérémonie pas comme les autres.

Il fallait voir la tête de Gilles Duceppe qui, du haut de sa superbe suffisance, semblait outré par les appels pressants au rassemblement des troupes indépendantistes, ainsi qu'à l'éloge de ceux qu'on appelle avec mépris les « purs et durs », soit ces militants de la base qui donnent bénévolement une partie de leur vie par pure conviction.

Jamais n'avais-je assisté à des funérailles aussi empreintes de l'esprit de celui qui, même disparu, continuait d'imprégner l'atmosphère de sa présence. Une présence qui ne s'éteindra jamais et qui survivra à travers ses oeuvres.

Sacré Falardeau, que de frissons tu nous as fait ressentir à travers les lectures qui ont été faites par tes amis Julien Poulin, Luc Picard et Sylvie Drapeau. Sans oublier les membres de ta magnifique famille qui nous ont permis de découvrir des êtres qui te ressemblent : des gens de cœur comme on en voit de plus en plus rarement dans les manifestations publiques où il est de bon ton de cacher ses émotions.

Sacré Falardeau qui a réussi à rameuter plusieurs membres du FLQ (dont l'auteur de ces lignes) venus te rendre un dernier hommage. Toi qui me disais toujours que nous étions tes héros, eh bien mon cher Pierre, je suis certain que tu es déjà une icône pour cette jeunesse enthousiaste qui reprend le flambeau et qui continuera à le porter bien haut, jusqu'à la victoire finale.

Un patriote est mort, mais dix autres, suivant ton merveilleux exemple, vont aujourd'hui se lever et poursuivre dans l'esprit de générosité qui t'animait le combat pour le pays qui est le nôtre.

Sacré Falardeau, tu es parti te fondre dans la pensée créatrice, mais tu seras toujours parmi nous pour nous inspirer et nous rappeler l'importance de la liberté et de l'indépendance.

Sacré Falardeau, toujours et à jamais VIVANT.

Pierre Schneider

L'auteur a travaillé comme directeur de la photographie, réalisateur, monteur et producteur à l'Office national du film. Il a reçu le prix Artiste pour la Paix en 2002. Il s'agit ici d'une lettre écrite le 5 octobre 2009 et destinée à Manon Leriche. L'auteur est anglophone et nous reproduisons ici sa lettre intégralement (sans corrections).

Chère Manon Leriche,

Je suis un documentarist anglophone de Nouvelle Ecosse qui a admiré and aimé votre mari.

Je suis arrivé à Montréal en 1963, et j'ai rencontré Pierre aux assemblées de l'ARRQ quelques années plus tard. J'ai préféré m'assoire a son coté a ces assemblés parce qu'il m'a toujours mis a l'aise, et me faire senti bienvenu.

Un moment donné, il m'a encouragé a faire un film au sujet de la pauvreté dans le centre-sud, et c'est le regret le plus profonde de ma vie professionnel que je n'ai pas réussi a compléter ce film. Mais ça m'a donné le privilège de faire la connaissance de Pierre Vallières et Francis Simard.

J'étais bouleversé par la puissance et la beauté de la cérémonie a l'église Saint-Jean-Baptiste samedi, et spécialement par l'eloquence de vos deux garçons.

Je verrai Pierre toujours comme un grand humanist qui a parlé fortement pour les artisans et les artistes partout, de n'importe quelle nationalité ou culture. La constance de ses convictions et ses engagements me force a penser qu'il avait formé avec vous un fondation d'amour bien solide. Merci.

Martin Duckworth

L'auteur est chercheur indépendant et consultant en anthropologie du changement social. Il s'intéresse aux défis contemporains qu'affrontent les communautés autochtones et inuites du Québec et du Canada et travaille particulièrement à développer une littérature politique critique chez les Inuits du Nunavut. Lettre écrite à Sutton, le 5 octobre 2009, et destinée à Manon Leriche et aux enfants.

Bonjour Manon, Jules, Hélène et Jérémie,

À l'occasion du décès de Pierre, j'aimerais vous exprimer mes plus sincères condoléances.

Son décès a remué en moi beaucoup de souvenirs d'une époque déjà lointaine de ma vie.

Si on me demandait de nommer les quelques personnes avec qui j'ai développé une relation d'amitié au cours de ma vie, en rétrospective, je me rends compte que Pierre Falardeau serait de ceux-là.

Nous nous sommes connus à Châteauguay, quand Pierre et moi avions quinze ou seize ans. Nous jouions au tennis ensemble. Pierre gagnait toujours!

Nous nous sommes revus au Département d'anthropologie de l'Université de Montréal où nous nous sommes côtoyés comme confrères de classe pendant quatre ans. C'est là que nous avions rencontré Fred Sicotte qui est resté copain avec Pierre et moi pendant plusieurs années.

À gratter dans mes souvenirs, je me suis tout à coup rappelé nos premières aventures en cinéma. J'avais emprunté la ciné-caméra 16mm de mon père et nous avions décidé de faire un film rigolo. La Pontiac bariolée grise et noire de Pierre faisait partie de la distribution et nous étions allés faire le tournage sur les routes de campagne de Châteauguay, et de Sainte-Martine. On voulait faire un film aussi drôle que les Laurel et Hardy, avec des moyens rudimentaires.

Pierre et moi étions inscrits au cours de cinéma ethnologique offert par le Département d'anthropologie. C'est à cause de ce cours que l'Office national du film nous avait envoyés en mission d'apprentissage dans la Vallée du Mackenzie, dans la région de Norman Wells dans les Territoires du Nord-Ouest, pour filmer des fouilles archéologiques dirigées par l'archéologue Jacques Cinq-Mars. Le petit Cessna nous avait largués avec notre bagage en pleine taïga où ne vivaient que quelques familles autochtones et beaucoup d'ours grizzlis. Comme les découvertes archéologiques se faisaient rares, Cinq-Mars mettait à tous les jours un peu plus de pression pour qu'on fasse de l'excavation plutôt que du cinéma. La tension montait dans le camp! Au premier vol de ravitaillement nous avions pris congé des archéologues! De Norman Wells, Pierre était monté à Fort Good Hope en avion où il fit un magnifique reportage photographique sur la communauté des Sathu Dènès. Le directeur de la caméra de l'ONF à l'époque, Jean Roy, avait été froissé par la façon cavalière dont ses stagiaires avaient été traités, mais surtout par le fait que nous n'avions pas vraiment ramené de matériel pour monter un film. Il nous offrit l'incroyable chance de tourner un premier film à l'ONF. Pierre avait tout de suite suggéré de faire un film sur le parc Belmont, à partir d'une thématique inspirée d'un remarquable poème de l'écrivain Jacques Godbout. Tout ça se passait à l'été 1972.

C'est là que nos chemins se séparèrent. J'étais directeur du journal des étudiants de l'Université de Montréal, j'avais ma thèse de maîtrise en anthropologie à rédiger, et j'étais aussi impliqué dans le projet d'imprimerie populaire de l'Agence de presse libre du Québec. En septembre, je décidai de retourner à mes occupations. Le montage du film m'apparaissait comme un travail fastidieux qui aurait pris tout mon temps. Aussi, à l'époque je me considérais comme un militant anarcho-écolo-marxisant et je trouvais que les idées de montage de Pierre surfaient un peu trop dans l'analyse symbolique à mon goût. Pierre a terminé le film avec le concours de son ami Julien Poulin et ça a donné le film *À mort*.

Pierre et moi nous sommes revus parfaitement par hasard à Montréal, mais aussi à Sutton où j'avais ma maison et où j'habite toujours. Pierre avait acheté une ancienne église protestante du côté de Mansonville, et il devait passer à Sutton pour s'y rendre.

Depuis j'ai habité douze ans à Iqaluit au Nunavut. Un bon jour quelqu'un de l'Association francophone du Nunavut m'annonce que Pierre Falardeau est en ville pour présenter son film, *Le Party*. Pierre ne savait pas que j'habitais à Iqaluit et ce soir là j'étais allé frapper à sa porte sans m'annoncer! Quelle bonne surprise!

Depuis que j'ai appris la nouvelle de son décès, tous ces souvenirs me reviennent en mémoire avec nostalgie.

J'aimerais aussi vous transmettre les pensées et condoléances de la mère de mes premiers enfants, Danielle Dansereau qui a aussi connu Pierre (les gens l'appelaient Fafa!) en anthropologie et qui participait à nos projets de cinéma amateur. Danielle a été aussi très touchée par son décès; mais aussi les condoléances de ma mère, maintenant âgée de 94 ans, qui, du temps où mon père vivait et qu'ils habitaient encore à Châteauguay, connaissait bien les parents de Pierre.

Voilà, on pense à vous,

Louis McComber

L'auteur est un acteur, réalisateur et scénariste québécois. Il a joué dans les films Octobre *et* 15 février 1839, *de Pierre Falardeau. Dans ce dernier film, il tient le rôle principal de Chevalier de Lorimier. Le texte ci-dessous est paru le 15 octobre 2009 dans* Le Devoir.

Salut, le réalisateur nuancé!

C'est con, tu me manques déjà tellement. J'aurais le goût de t'appeler pis de te demander ce que tu penses des réactions à la suite de la mort de Falardeau. J'aurais le goût de te demander ce que ça te fait, comment tu te sens, comment est-ce que tu penses que ça va nous affecter. Tu serais ému, je le sais. Tu serais ému pis après ça, tu trouverais une façon d'en rigoler. Tu trouvais toujours des façons de rigoler.

Faut jamais arrêter de regarder le soleil.

Je me souviens de ce jour où je jouais Lorenzaccio et que certaines critiques m'avaient été défavorables. J'étais tombé malade. J'avais 101 de fièvre et on a dû annuler la représentation du samedi soir. Un animateur de Radio-Canada avait laissé entendre que je me dégonflais à cause des mauvaises critiques. Toi, t'as fait ni une ni deux. Tu as appelé à l'émission pour les engueuler et leur dire : « Picard est malade comme un chien, alors foutez-lui la paix! »

J'étais pas surpris que tu fasses ça. Pas une seconde. De toutes les belles choses de toi, la plus impressionnante c'était ta loyauté, ton sens de l'amitié et de l'honneur. Cette soif d'absolu, cette candeur dans la réflexion. Tu ne t'es jamais trahi. T'avais la dignité d'un enfant, t'avais l'âme intacte.

Les enfants parlent avec leurs tripes. C'est parce qu'ils n'ont pas encore appris l'art du demi-mensonge déguisé en nuance. Ils n'ont pas appris à dire une chose dans le salon et une autre dans la cuisine. Ils ne se cachent pas, parce qu'ils présument qu'ils n'ont rien à cacher. Ils ne se savent pas nus. C'est pas toujours pratique, mais putain que c'est émouvant!

Ils ne décident pas d'aimer ou de ne pas aimer. Ils aiment. Ils ne choisissent pas leurs amours en fonction de leurs intérêts, ils choisissent leurs intérêts en fonction de leurs amours. Ils sont le sel de la terre. Ils sont irrésistibles.

Au fin fond du Brésil, je t'ai vu boire l'eau du puits d'un pauvre paysan. L'eau était brune et sale. Tu ne l'as pas bue pour prouver quelque chose. Tu ne l'as pas bue pour montrer que tu fraternisais avec les humbles de la terre. Tu l'as bue parce que t'avais soif et que tu ne voulais pas lui manquer de respect. Tu n'étais pas dédaigneux de la misère. Tu ne t'apitoyais pas non plus. T'avais de l'admiration pour ceux qui travaillent fort et qui sont honnêtes. Pas une admiration feinte et bien-pensante, mais une admiration authentique et inébranlable. Une admiration d'enfant. Une admiration partisane.

Brel disait que « le monde sommeille par manque d'imprudence ». Voilà ce dont tu n'as jamais manqué. Voilà ce qui nous manque cruellement par les temps qui courent et encore plus depuis ton départ.

T'avais le fou rire tellement attachant Pierre! T'avais le fou rire d'un amoureux déchiré. Amoureux des hommes, des femmes, des enfants, des peuples. Tu rugissais parfois comme un amant trahi, comme une bête blessée.

C'était facile de te condamner. C'était impossible de t'ignorer. Et pour moi, c'était impossible de ne pas t'aimer profondément.

Je préfère encore un honnête homme qui a un peu tort à l'occasion à un menteur qui a raison tout le temps. Trop facile d'être beau quand on se cache la moitié du visage, quand on dissimule. Toi, tu ne t'es jamais caché, tu ne t'es jamais fait beau. Et c'est si rare aujourd'hui, qu'on ne pouvait pas faire autrement que de s'arrêter et d'écouter. Un homme franc. Un homme libre. Mon ami, ce fut un honneur et un bonheur.

Luc Picard

Le texte qui suit a été publié dans le journal Le Mouton noir *de novembre-décembre 2009. L'auteur est professeur de cinéma au cégep de Rimouski et militant indépendantiste.*

Simplement libre

« mais donne la main à toutes les rencontres, pays
toi qui apparais
    par tous les chemins défoncés de ton histoire
aux hommes debout dans l'horizon de la justice
qui te saluent
salut à toi territoire de ma poésie
salut les hommes et les femmes
des pères et mères de l'aventure »
– Gaston Miron

La nouvelle est tombée. Déchirante. Quelques maudites secondes maudites. L'éternité. Dévoré par le vide. Déjà. Le temps nous a manqué. Pierre Falardeau nous a quittés. Je le savais malade. Mais, ce n'est pas une raison. Plus jamais sa voix. Plus jamais son sourire. Je suis rentré à la maison. Pour ne pas rester seul. Affolé par tout le silence des bruits ambiants. Les insignifiances de notre petite vie. Je me suis réfugié dans les yeux de ma blonde. Et nous avons pleuré. Nous pleurons encore parfois. Comme si on avait perdu un ami cher. Quelqu'un de la famille…

Et puis relever la tête et reprendre le collier. *Se botter le cul ciboire,* parce qu'il y a encore beaucoup de travail à faire. Et demeurent toujours ses films. Toujours ses textes. Cette parole unique. Cette langue universelle. Prendre le temps de mesurer l'ampleur de ses traces de géant et toute l'humilité de l'être humain qui m'a tant touché à chacune de nos rencontres.

Je nous revois encore au milieu des années 90. Avec Marc, Tommy, Carole et quelques autres. Nous avions formé ici à Rimouski, comme un peu partout au Québec, un comité *15 février 1839* afin de participer au financement populaire du film que Falardeau souhaitait réaliser à partir du testament politique de Chevalier de Lorimier, ce patriote pendu par le pouvoir anglais avec quatre de ses camarades. Une fois de plus il était aux prises avec les organismes subventionnaires qui refusaient de financer un projet jugé trop politique. Après la saga politico-burlesque fomentée au début des années 90 autour du film *Octobre* par quelques fédéralistes désespérés, il n'était pas question de laisser la censure faire son œuvre. Nous avions donc organisé une soirée spéciale afin de projeter quelques-uns de ses films, amasser un peu d'argent et surtout dénoncer l'injustice de la situation.

Celles et ceux qui étaient présents se rappellent encore de cette soirée à la librairie l'Index. Pierre était là, mêlé à la foule, simplement. La salle bondée découvrait avec admiration son documentaire *Le Steak* sur le boxeur Gaétan Hart. Ce film d'une tendresse infinie, coréalisé en 1992 avec sa conjointe Manon Leriche, révélait un cinéaste sensible, respectueux, capable de saisir la force et les faiblesses d'un homme au parcours fascinant. Puis ce fut le film coup de poing. *Le Temps des bouffons*. Une charge de 15 minutes pourfendant le régime colonialiste anglais. Un pamphlet d'une efficacité redoutable, tourné en 1985, mais monté et diffusé en 1993. Une œuvre libératrice. La foule jubilait. Enfin quelqu'un disait tout haut la rage depuis trop longtemps étouffée. Pierre souriait. Libre.

L'amour du Québec

Bien des années se sont écoulées depuis cette soirée mémorable. Nous nous sommes revus par la suite à quelques occasions. Lors de manifestations indépendantistes. Au lancement de certains de ses livres. Lors d'activités politiques organisées à la mémoire des patriotes de 37-38.

Et encore le printemps dernier. Il est venu au cégep afin de rencontrer mes étudiants en cinéma et leur présenter *15 février 1839*. Toujours aussi passionné. Intraitable. Il nous a parlé de son nouveau projet de scénario portant sur l'histoire d'un régiment de soldats québécois coincés dans les tranchées lors de la Première Guerre mondiale. Juste à l'écouter décrire certains passages, les images prenaient formes dans nos têtes. Nous espérions.

Puis il nous a redit son amour viscéral du Québec, de son peuple, de sa langue, de ce territoire immense qu'il a parcouru d'un bout à l'autre. Parler avec passion de Gaston Miron, de l'œuvre des cinéastes Pierre Perrault, Gilles Groulx, Arthur Lamothe, Bernard Gosselin, ses maîtres à penser le cinéma.

Mes étudiants sont repartis en petits groupes, secoués mais heureux d'avoir vu, d'avoir entendu cette voix unique. Lui, souriant, a repris la route. Seul. Je suis rentré à la maison, fier de ce que nous sommes.

Depuis son départ, en septembre dernier, des centaines de voix s'élèvent de partout au Québec pour saluer l'homme, pour souligner l'œuvre. Nous sommes toutes et tous encore secoués par le départ trop rapide de ce grand patriote, ce cinéaste d'exception. Mais nous sommes plus forts de l'avoir connu, rassurés d'avoir fréquenté son oeuvre, plus solides de l'avoir lu. Cet homme intègre et généreux, *ce grand monsieur* dirait mon père, a énormément contribué à la prise de conscience d'un grand nombre de Québécoises et de Québécois que *rien n'est plus précieux que la liberté et l'indépendance*. À jamais, Pierre Falardeau!

Alain Dion

L'auteur est comédien et militant. Il a notamment joué dans les films Octobre *et* 15 février 1839, *de Pierre Falardeau. Il a aussi été porte-parole du Mouvement Montréal français. À l'automne 2015, il a été candidat aux élections fédérales pour le Bloc Québécois. Le texte ci-dessous a été publié dans le journal* Le Québécois *en novembre 2009.*

Hommage à Pierre Falardeau

J'ai connu Pierre Falardeau il y a vingt ans. Aux auditions pour le film *Le Party*. J'avais vingt-cinq ans, j'en paraissais quinze et j'avais l'air d'un enfant de chœur. Lui, il cherchait des visages ravagés, des gueules de tueurs pour meubler sa prison. Pour dire le moins, j'avais pas d'affaire là. Mais c'était pas grave, on a parlé. En fait, lui a parlé. Il m'a parlé de ses problèmes, de la difficulté à trouver toutes ces têtes d'enterrements pour son film, de ses angoisses de bien recréer l'atmosphère de la prison, de ses doutes sur le scénario, et d'autres choses encore.

Et puis, il a commencé à me parler de son projet de faire un film sur les Évènements d'Octobre. Il m'a parlé des quatre gars. De ces quatre ti-culs pris, déjà, dans la prison de la rue Armstrong. Enfermés dans leurs convictions, leurs doutes, leurs idéaux et leurs contradictions. Coincés aussi par la logique du pouvoir qui les visse dans le mur et duquel ils ne décolleront jamais.

J'étais subjugué. Son ton, sa voix, sa passion, son humour, ses rêves. Tout dans cet homme me fascinait. Je pense que je ne me suis jamais vraiment remis de ce choc initial. La vérité toute simple, c'est qu'il était presque impossible de résister à Pierre Falardeau. C'était un homme au charisme exceptionnel! Même le regarder penser était fascinant!

Après cette première rencontre, tout ce que je voulais évidemment, c'était de tourner un film avec lui. J'ai eu la chance d'en faire deux. À chaque fois, la même intensité. À chaque fois, la même impression de partir en mission. Mais partir en mission avec la certitude que le capitaine sera avec toi dans la « bouette », sera avec toi quand il va mouiller, sera avec toi quand tu vas douter, quand tu vas être perdu. En fait, avec la certitude qu'il sera toujours avec toi.

Pierre Falardeau était un être radicalement et totalement libre. Ce qui est évidemment très rare. Même dans son combat pour la liberté, il n'acceptait aucune contrainte. Il n'acceptait que les barrières de sa pensée. Et même celles-là, il pouvait quelquefois les remettre en question. Personne ne pouvait « engager » Pierre Falardeau. Il ne s'engageait qu'avec ses propres armes et sur son propre terrain. En premier lieu sa parole, puissante et spectaculaire. Ensuite ses écrits, redoutables et dévastateurs. Et finalement ses films, véritables monuments au courage et à la liberté.

Quelqu'un quelque part a déjà dit que dans la carrière d'un artiste, comme probablement dans la vie de tout être humain par ailleurs, il n'y avait qu'une ou deux rencontres déterminantes, de celles qui changent véritablement et profondément ta façon de voir et de faire les choses. Pour moi, Pierre Falardeau a été la plus importante et la plus marquante de ces rencontres.

Denis Trudel

L'auteur est réalisateur et critique de cinéma. Texte paru dans la revue 24 images (décembre 2009 – janvier 2010) en version courte et sur le blogue de l'auteur (www.la-jetee.com) en version longue. Ci-dessous la version longue.

Pierre Falardeau, d'octobre en septembre

Il m'a d'abord appelé un jour d'octobre, il y a de cela près de vingt ans...

« Euh, allô (*pause embarrassée*)... C'est Falardeau... »

Il détestait les répondeurs, s'y est fait graduellement, mais laissait des messages, à l'époque, qui se résumaient souvent à ces trois ou quatre mots, marmonnés à la machine...

Il appelait pour me féliciter pour un papier que j'avais écrit dans ce qu'il appelait pourtant « le catalogue Canadian Tire de la culture ».

J'avais ri et lui aussi, c'était le début d'une longue série d'échanges sporadiques...

Nos conversations partaient souvent de ses questions : « Qu'est-ce que tu penses du *Regard des autres* de Solanas? Sais-tu où on peut voir *L'Espoir* de Malraux? As-tu une copie de *La Condition humaine* de Kobayashi? Pis, comment s'est passé l'entrevue avec Bertolucci? Avec Milos Forman? Avec Costa-Gavras? »

Ses réflexions étaient souvent pimentées des surnoms colorés qu'il utilisait pour désigner ceux dont il feignait d'oublier le nom : « Le gars de Québec » (Robert Lepage), « Le gros Américain » (Michael Moore), « Monsieur Météo » (Dany Laferrière), « Le tire-au-flanc » (Richard Martineau).

Il parlait avec la même intensité des souvenirs bons et mauvais : les années de misère, où son ami Jean-Claude Lauzon revenait du Nord en déposant chez lui le fruit de sa chasse ou en lui laissant un sac d'épicerie; la rencontre, puis l'amitié avec ses idoles (Groulx,

Perrault, Gosselin, Miron) qui lui reprochaient parfois son langage et la vulgarité des *Gratton*; les semaines, les mois, les années passées à faire le tour de la province à donner des conférences et des discours ou à échanger tout simplement sur le cinéma et l'indépendance.

Comme tous ceux qui l'ont fréquenté un tant soit peu, il m'a fait lire le *Journal des années noires* de Guéhenno et le *Discours de la servitude volontaire* de La Boétie. Mais il m'a fait aussi découvrir les albums de Fela Anikulapo Kuti et les fresques de Siqueiros, les poèmes de Patrice Desbiens et de Pablo Neruda.

Nos conversations revenaient souvent autour des films qui l'avaient marqué : les classiques de Groulx et de Perrault, évidemment, mais aussi *Un condamné à mort s'est échappé*, *Le Trou*, *La Bataille d'Alger*, *Le Salaire de la peur*. Des histoires d'emprisonnement et de révolte, d'oppression et de combat...

Il aimait passionnément la boxe, c'est bien connu, mais rarement les films qui en parlait : il trouvait *Raging Bull* trop maniéré et esthétisant; détestait les *Rocky* et Stallone; admirait *Golden Gloves* (avec quelques réserves) mais adorait par-dessus tout *Fat City*, le chef-d'œuvre de John Huston, cet autre passionné de boxe et de poésie, auquel Pierre avait d'ailleurs fini par ressembler un peu, en vieillissant.

Il aimait partager les découvertes pratiques qu'il avait faites en analysant, scène par scène, réplique par réplique, parfois plan par plan, des films qui furent son école : *Very Nice, Very Nice, The Great Dictator, Now!* ou *In Cold Blood*. Et il avait une affection particulière pour les œuvres sous-estimées par la critique, surtout lorsqu'elles abordaient un thème qui lui semblait de plus en plus fondamental : le contrôle de la pensée.

Il avait ainsi beaucoup aimé *Wag The Dog*, pour son portrait d'une guerre inventée de toutes pièces pour détourner l'attention d'un scandale présidentiel; *The People Vs. Larry Flint* pour sa défense humoristique et passionnée de la liberté d'expression; et il m'a dit qu'il avait appelé Denys Arcand pour discuter avec lui de *Stardom*, dans lequel il avait perçu, je crois, des relents satyriques à la *Gratton*...

Pour ma part, j'hésitais à l'appeler et lui téléphonais rarement. Sans doute par peur de le déranger ou de lui paraître insignifiant. Mais il me rappelait régulièrement et nous reprenions la conversation où nous l'avions laissée, autour de nos nombreuses préoccupations communes : la publicité, les médias, Orwell, le cinéma québécois, Tati, Peckinpah ou Kubrick. Une fois que je lui décrivais les conditions de travail idéales que l'auteur de *Full Metal Jacket* avait su créer pour son travail, Falardeau avait marqué une pause, pris une longue bouffée d'une de ses omniprésentes cigarettes et poussé un soupir rêveur en disant : « Tu te rends compte! Et en plus, il a du talent, lui... »

*** * ***

« Me semble que je fais des films pas pire que les autres... »

Falardeau avait du talent, bien sûr, et même beaucoup, mais il avait davantage encore d'humilité et de sensibilité.

Quand je suis allé le voir sur le tournage d'*Octobre*, j'ai été ému (mais pas particulièrement surpris) par sa manière d'encourager les railleries de l'équipe sur l'« audace de sa mise en scène ». Pierre aimait rire, à la fois des autres et de lui.

Ce qui m'a surpris, en revanche, c'était de voir l'intensité fusionnelle avec laquelle il filmait ses acteurs; prononçant simultanément leurs répliques en silence, mimant parfois un geste ou un coup, vibrant d'une intensité contenue qui semblait parfois plus grande que la leur.

Dans *La liberté n'est pas une marque de yogourt*, il revient sur le choc qu'il éprouvât, à 15 ans, en voyant pour la première fois une affiche du Rassemblement pour l'indépendance nationale (RIN) : « Aujourd'hui, 32 ans plus tard, ma gorge se serre à nouveau quand j'entends le mot liberté. Chaque fois. Chaque fois, mon sang se remet à cogner dans ma tête. Chaque fois, mes rêves de jeunesse me remontent du fond des tripes. C'est viscéral. Animal. J'y peux rien. C'est comme ça. Vital. »

Et c'était vrai, Falardeau était spontané et transparent, un hyper-sensible qui éprouvait profondément, comme une blessure animale, des réalités qui semblent souvent abstraites aux autres : la douleur des ancêtres, la souffrance de leurs descendants, les injustices passées et présentes, la difficulté de réveiller un peuple aveugle à son aliénation, à son anéantissement, à sa résignation. Et il le faisait avec tant d'intensité et de spontanéité que je ne connais pas un réalisateur, un directeur-photo ou un monteur qui ne se soit pas dit, en le voyant, qu'il aurait pu être un formidable acteur, s'il avait su mentir, mais il ne le savait pas...

Pierre avait probablement des défauts, enfin, j'imagine. Mais il faudrait un homme qui en a moins que moi pour essayer d'inventorier les siens. Car s'il avait des moments d'abattement, comme nous tous, et même de déprime profonde, il ne sombrait pas dans nos fatigues chroniques, nos silences complices, nos résignations funestes.

Il avait par-dessus tout une manière unique de voir, de ressentir et de penser le monde, qui était à la base de son œuvre et aussi de beaucoup de ses problèmes...

* * *

« Une mise en scène, c'est pas juste découper une séquence; avant d'arriver là, t'as déjà découpé le réel dans ta tête. »

Comme beaucoup de choses que disait Falardeau, cette phrase était simple, apparemment banale, presque évidente. Et pourtant, elle exprimait une vérité qu'on oublie souvent et qui est au cœur de son cinéma; au-delà de la censure politique qu'il a rencontrée toute sa vie, c'est la manière même dont Pierre « découpait le réel » qui posait problème.

D'abord, parce qu'il cherchait à rendre visible ce qu'on ne voulait pas, ou ne pouvait plus, voir. Il aimait les histoires qui cristallisent des conflits historiques : comme *L'Aube*, le très beau roman d'Elie Wiesel, sur un jeune résistant Juif passant une nuit d'angoisse et de réflexion à méditer sur l'exécution d'un officier de l'armée d'occupation britannique en Palestine. Ou comme *When We Were Kings*, l'excellent documentaire de Leon Gast, relatant le choc de la rencontre Tiers monde–Amérique à l'occasion du combat Ali–Foreman au Zaïre.

Ses histoires, qui étaient aussi les nôtres, Falardeau les trouvait dans les huis clos du Beaver Club, de la rue Armstrong, de la Prison du Pied-du-Courant. Des histoires comme il les aimait : simples (mais pas simplistes), exemplaires (mais jamais citées en exemple), rectilignes (comme le parcours qui sépare le condamné de son exécution) et implacables (comme le sont fatalement la vie et la mort).

Alors, il se braquait forcément quand les institutions lui parlaient d'incident déclencheur, de pivots narratifs, de rebondissements ou d'arcs dramatiques. Il détestait les ressorts arbitraires, le psychologisme bourgeois, les dénouements artificiels. Et il se méfiait comme la peste des comités d'experts, des spécialistes en narratologie et des plombiers zingueurs de la scénarisation. Bref, de tout ce qui contribue à la « sydfieldisation » du cinéma mondial.

Au fil des ans, il m'a invité à quelques reprises à discuter de ses scénarios, comme il le faisait régulièrement via des groupes de trois ou quatre personnes, où il conviait des complices de toujours (Julien Poulin, Francis Simard, René Boulanger…) ou des collègues et amis (Bernard Émond, Louis Bélanger, Luc Picard…). Mais essayer de l'amener à voir les faiblesses de ses scénarios, c'était ironiquement découvrir la force de son cinéma. Car sa manière de « découper le réel », au fil d'histoires construites comme des voies ferrées, portant des destins inéluctables le long de huis clos contrastés, était en soi un acte radical dans une société qui a élevé la dispersion, l'atermoiement, l'indécision et l'aveuglement au rang des beaux-arts.

Étudier ses films, c'était aussi voir à quel point son art s'accommodait de peu, car il reposait largement sur la parole et le détournement : de *Pea Soup* à *Speak White*, il avait multiplié les films de montages et les détournements. Il avait volé des images (il insistait lui-même sur le mot « vol ») aux *Maîtres fous* de Jean Rouch pour ouvrir *Le Temps des bouffons*; il avait construit *Une Minute pour l'indépendance* autour d'une scène d'action tirée du très hollywoodien *Speed* de Jan De Bont; et il avait même poussé l'audace jusqu'à prendre des images des funérailles de Pierre Elliott Trudeau pour représenter celles d'Elvis dans le dernier *Gratton*.

Car même s'il était un homme d'images (et son cinéma en compte de mémorables) l'art de Falardeau était d'abord celui de la parole; celui d'une prise de parole désaliénante, qui utilise les mots pour faire voir ce que les images masquent ou ne parviennent plus à faire voir : la réalité intime et collective (chez lui les deux sont inséparables) masquée par les écrans du réel. Écrans auxquels participe évidemment le cinéma…

* * *

« L'important n'est pas de bien ou mal parler mais de parler. »

Il n'était pas rare d'entendre des gens qui se voyaient comme des « alliés stratégiques » de Falardeau dire qu'il était parfois son pire ennemi. Comme si on l'aurait écouté davantage s'il avait fermé sa gueule, comme si on lui aurait permis de faire plus de films s'il s'était tu, comme si l'indépendance se serait réalisée s'il avait seulement arrêté d'en parler.

Pierre avait préféré faire sienne cette phrase de James Baldwin : « Nous vivons à un âge où le silence est non seulement criminel, mais suicidaire ». Il a donc choisit de parler, haut et fort, et si ses discours et ses écrits lui ont souvent compliqué la vie, ils lui ont aussi permis de finir par réaliser une dizaine de films : un petit miracle (pour lequel il a travaillé très fort) dans un cinéma contrôlé par des institutions souvent opposées à ce que ses films voulaient explorer.

Il avait pourtant, comme tous les cinéastes, plusieurs projets qu'il n'a pas pu réaliser. Des projets dont on trouve parfois des traces dans certains de ses autres films, ou qui ont finalement été portés à l'écran par d'autres que lui. Des projets qui font rêver à ce que sa filmo aurait pu être dans d'autres circonstances…

Quelque part entre les années 70 et 80, il avait planché sur un projet de documentaire intitulé *Paradis Perdu ou Paradis Fiscal*, qui aurait porté sur le tourisme, l'exploitation et le culte du bronzage (projet dont on devine à son résumé, présenté dans *La liberté n'est pas une marque de yogourt*, qu'il a certainement influencé *Les Vacances d'Elvis Gratton* à Santa Banana). À la même époque, il avait aussi soumis une proposition, intitulée *Nous savons que nous ne sommes pas seuls*, qui aurait examiné, par le biais du documentaire, les quotidiens parallèles de trois prisonniers, enfermés dans des prisons au Québec, aux États-Unis et en Irlande du Nord. Un projet qu'il décrivait comme « un hymne à la grandeur et à la dignité de l'homme », dans lequel il est tentant de voir une première mouture du *Party*.

Plus tard, au début des années 80, il avait déposé à l'ONF un projet de court métrage d'animation intitulé *Au Pied du Courant*, qui aurait porté sur les relations étroites entre la famille Molson et l'histoire du Québec, de la célèbre prison où furent éxécutés les Patriotes à l'avènement du Forum. Puis un autre sur le peintre Siqueiros et les muralistes mexicains, ainsi qu'une adaptation de l'*Animal Farm* de George Orwell.

Autour des années 90, il avait aussi songé à un film racontant la révolte d'un groupe de danseuses, après le viol de l'une d'elles, dans un bar fréquenté par des grévistes de la United Aircraft et dirigé par les Hell's Angels. Il avait aussi jonglé un moment avec l'idée d'accepter une commande, l'adaptation de *Avant de m'en aller*, la biographie de Gerry Boulet écrite par Mario Roy (qui était pourtant l'une de ses têtes de Turc préférées!). Et il a longtemps rêvé à un documentaire musical, lyrique et expérimental, racontant le Québec à travers ses quatre saisons, son territoire, la vie de ses familles et de ses travailleurs.

Vers la fin des années 90, Falardeau s'est aussi intéressé à *Et que ça saute!*, qui relate les dessous véridiques de plusieurs cambriolages célèbres et spectaculaires conçus par Marcel Talon, dont un en particulier – le seul qui n'ait pas marché, le vol projeté de 200 millions de dollars à la Bank of Montreal! – retient son attention. Pierre Gendron achète les droits du bouquin et en tire *Le dernier tunnel*, réalisé par Érik Canuel, tandis que Falardeau s'inspire du même incident pour écrire *La Job*, une réflexion sur le travail, l'argent, le crime organisé et le capitalisme, qu'il souhaitait à mi-chemin entre *Le Trou* de Becker, les films de Bernard Gosselin et *Normétal* de Groulx.

Le projet ne se fait pas (mais son scénario est publié) et Pierre se rabat alors sur *Le Jardinier des Molson*, un film de guerre sur une section de soldats québécois du 22e régiment, combattant dans les tranchées du nord de la France en 1918. Le récit tourne autour d'une poignée de travailleurs québécois, remplaçant en première ligne des tirailleurs sénégalais, qui retrouvent à l'étranger l'exploitation qu'ils ont connue chez eux, pendant que les Allemands creusent une mine, sous leur position, dans le but de la faire exploser. Mais ce projet ne se fera pas non plus…

Pierre expliquera à Norman Lester que sa productrice de toujours, Bernadette Payeur, doutant de la possibilité de faire passer le projet à Téléfilm, décida de passer la main. Et s'il y eut apparemment une tentative de reprendre le scénario avec Luc Picard, *Le Jardiner des Molson*, possiblement le plus beau projet de Falardeau, reste pour l'instant lettre morte…

$$* * *$$

« *Évidemment, si on ne peut produire maintenant qu'un cinéma de farces "plates" qui rapporte un million au guichet ou un cinéma dit d'auteur qui quitte l'affiche après une semaine, je suis cuit. Classé trop commercial par les uns, étiqueté trop intellectuel par les autres, je persiste à signer uniquement les films qui me tiennent à coeur.* »

Tout succès repose sur un malentendu, disait Godard. Et celui de Falardeau reposait en bonne partie sur la popularité d'Elvis Gratton…

Que cet odieux personnage de fasciste ordinaire, conçu avec son ami Poulin au lendemain du premier échec référendaire, ait fini par être embrassé par une grande partie du Québec qu'il voulait dénoncer, n'est pas la moindre ironie du parcours de Falardeau. Mais c'est une ironie que Pierre a su habilement utiliser pour faire avancer ses projets, car la promesse d'un second *Gratton* lui a permis de faire

Octobre, alors que la perspective d'un troisième l'a aidé à monter *15 février 1839*…

Ceci dit, Pierre n'a pas abordé les *Gratton* à reculons, bien au contraire.

Comme il le déclarait, avec son sens unique de l'autodérision : « Ça se peut bien que je sois devenu le bouffon de service. Mais dans la cour du roi, le fou, c'est encore le seul qui pouvait dire des vraies affaires. » Et il ne s'en privait pas : *Gratton* 2 et 3 ont abordé, en vrac – mais de front – la convergence, les PPP, le placement de produit, le culte de la performance, le monde des faiseurs d'image et les relations entre les médias et le pouvoir. Bref, tout ce qui occupe – depuis près d'un quart de siècle – à la fois les coulisses et le hors champ du cinéma québécois.

Pierre disait souvent que « le réel est à la hauteur de nos pires cauchemars » et qu'il faisait du « sous-réalisme ». Nous avons d'ailleurs souvent parlé ensemble de la difficulté, voire de l'impossibilité, de pasticher ce qui est déjà caricatural. Sa réponse, typique, fut d'opérer un traitement de choc : il avait dit à maintes reprises qu'il souhaitait qu'*Elvis Gratton XXX : La Vengeance d'Elvis Wong* soit un film « excessif, inacceptable, que le monde ne soit pas capable de prendre ». Et le moins que l'on puisse dire, c'est qu'il a réussi au-delà de ses rêves les plus fous…

À l'ère du cinéma de vitrine, où les institutions envoyaient fièrement des œuvres prétendument audacieuses aux quatre coins de la planète, Falardeau nous présentait un Québec monstrueux, plus vrai que nature, où les téléviseurs suintaient de la merde, où les journalistes marchaient en laisse à quatre pattes, où « Radio-Cadenas » diffusait des téléromans aux décors tapissés de feuilles d'érable et des « quizz d'information » à mi-chemin entre *La Fureur* et *Le Téléjournal*. *Gratton XXX* frappait sur tout le monde et tout le monde a frappé sur *Gratton XXX*.

Dans nos conversations, Pierre s'étonnait régulièrement, avec un mélange pervers d'incrédulité et de fierté, que *Gratton XXX* ait été décrit comme le pire film de l'année (ce qui ne manque effectivement pas d'humour quand on sait que 2004 avait aussi vu la sortie de *Nouvelle-France, Je n'aime que toi* et *Dans l'œil du chat* (pour ne nommer que trois des navets les plus incontestables d'une récolte pourtant riche). Il concédait les défauts du film, des gags qui tombaient à plat et des problèmes de rythme, mais il s'étonnait que peu de gens aient relevé ses fulgurances et ses moments de satires proches de Swift et de Pasolini. À l'époque, Pierre avait fait semblant d'en rire, allant même jusqu'à demander à son distributeur de reprendre des extraits des pires critiques pour annoncer le film dans les journaux. Mais il était néanmoins ébranlé, déçu et même attristé.

Et lorsque *Gratton XXX* a été refusé par les Rendez-vous du cinéma québécois (où l'on montre presque toute la production annuelle et où l'on voit régulièrement des films bien inférieurs au sien!), le divorce était consommé. Car quand la fenêtre annuelle d'un cinéma de vitrine refuse de présenter un film d'un cinéaste majeur, le message est clair et Pierre l'a bien compris : Falardeau ne se reconnaissait plus dans le cinéma québécois et le cinéma québécois ne se reconnaissait plus en lui...

Il est donc retourné travailler sur des projets qu'il n'a jamais pu tourner; il s'est mis à parler à l'imparfait de l'époque où on « le laissait faire des films »; et il est allé faire du ski de fond avec les siens, mettre de l'ardoise sur le plancher de sa cuisine et affronter un cancer dont il ne parlait pas...

Il n'est jamais resté inactif, loin de là : il est allé sur la place publique dénoncer la gestion de la Caisse de dépôt et placement, a fait dérailler – presque à lui seul – l'odieux projet de reconstitution de la bataille des Plaines d'Abraham, et accepté l'offre d'un vieil ami, German Guttierez, qui lui a proposé de tourner un documentaire sur lui. Et puis il est devenu chroniqueur au *Ici*, publiant des chroniques dont une, aigre-douce, sur le thème « Vieux cinéaste cherche emploi ».

Ses détracteurs le dépeignaient comme un mononc' radoteur et poujadiste, allergique à la modernité, déconnecté du Québec d'aujourd'hui, passant son temps à dénoncer les « mangeurs de sushis du boulevard Saint-Laurent ». Et quand on allait sur le site du magazine

Ici, on pouvait lire les commentaires de lecteurs lui souhaitant de crever. Ce que Pierre, dans un rare geste de soumission, a malheureusement fini par faire un triste soir de septembre...

* * *

« L'important c'est la démarche, la lutte, la bataille. Se battre contre les autres, mais se battre d'abord contre soi-même, pour se comprendre, pour voir ce qu'on a dans le ventre. Les winners, les losers, rien à crisser, on va laisser ça aux journalistes. De toute façon on finit tous par perdre un jour ou l'autre. C'est inévitable. C'est la vie. »

Dans le très bel hommage qu'il lui livrait dans les pages du *Devoir*, son vieil ami René Boulanger disait que Pierre « avait vécu sa maladie avec un courage qui dépasse même sa légende. » Je n'en doute pas un instant.

Comme bien des philosophes, beaucoup de scientifiques et presque tous les sportifs, il voyait la lutte comme une condition inséparable de la vie. Dans son dernier message téléphonique, il m'invitait à le rappeler pour discuter du *Che* de Soderbergh, une autre histoire de combat. J'ai mis trop de temps à voir le film, puis à le rappeler. Je le regrette évidemment aujourd'hui...

Parmi le concert d'hommages, pour la plupart sincères, émus et souvent même touchants, qui ont suivi sa mort, d'autres, parfois un peu moins sincères, déclinaient toutes sortes de variations sur une même question : Falardeau était-il un grand cinéaste ou un grand pamphlétaire? Un polémiste majeur ou un réalisateur quelconque? Un écrivain doué ou un cinéaste génial? Franchement, je n'en sais rien. Et je n'en ai rien à foutre...

Car je ne sais pas si Falardeau était un « grand cinéaste », mais je sais que c'était un cinéaste important, fondamental, terriblement nécessaire à notre cinéma et au Québec d'aujourd'hui. Pourquoi?

Parce qu'il a cherché à redonner une mémoire à un peuple amnésique, au milieu d'une culture qui ne creuse plus la mémoire mais l'oubli. Parce qu'il a cherché à montrer que l'oppression et la révolte que l'on croyait mortes sont encore bel et bien vivantes dans le Québec d'aujourd'hui. Parce qu'il s'est battu pour filmer ce que peu de cinéastes de fiction ont filmé depuis vingt-cinq ans : l'héritage de la colonisation, la permanence de l'exploitation, le droit à la colère, à la haine, à la révolte. Parce qu'il a agi, tant par son œuvre que par sa personne, comme un révélateur, exposant clairement les censures, les limites et les paradoxes de son époque, en filmant à la fois ce que le Québec a de plus beau et de plus exaltant, mais aussi ce qu'il a de plus bête et de plus déprimant. Et parce qu'il l'a fait sans se laisser abattre ou décourager par les autres, avec un amour de la vie, un goût du combat et une absence de prétention, qui font cruellement défaut à la plupart de ses contemporains.

Il a révélé Julien Poulin, Luc Picard et Richard Desjardins; a accouché de trois ou quatre classiques à l'intérieur d'un système qui n'en voulait pas, et a permis à l'ACPAV – grâce au succès de ses films – de survivre à bien des périodes difficiles.

Qui dit mieux?

* * *

« Quand un résistant tombe, dix autres se lèvent pour ramasser son arme. »

« Des Elvis Gratton, y en a mur à mur au Québec. Aussitôt qui en a un qui meurt, y en a mille qui sont prêts à prendre sa place! »

Pierre n'aurait peut-être pas aimé que je juxtapose ces deux citations, car il se méfiait des constats décourageants ou démobilisateurs. Mais il m'a toujours semblé que ces deux phrases sur la disproportion des forces en présence (dix résistants d'un côté, contre mille Elvis Gratton de l'autre) résumaient non seulement la réalité québécoise (et mondiale, évidemment), mais aussi celle dont son cinéma tentait de donner la pleine dimension.

Ses longs métrages de fiction me semblaient se diviser en deux grandes catégories : les drames de la libération (*Le Party, Octobre, 15 février 1839*) et les comédies de l'asservissement (*Gratton 1, 2* et *3*). Les premiers sont concentrés dans le temps, autour de huis clos exemplaires qui se terminent mal, les secondes s'étirent à travers le Québec moderne et ne se terminent pas. Les premiers montrent la lutte de gens qui se battent pour la libération, les secondes montrent le quotidien de ceux qui acceptent l'asservissement. D'un côté, le Québec de la révolte exceptionnelle, de l'autre, celui de la soumission quotidienne.

Les prisonniers retournent dans leur cellule à la fin du *Party*, les felquistes sont emprisonnés à la conclusion d'*Octobre*, les Patriotes sont pendus au terme de *15 février 1839*. Mais Elvis revient des morts à la fin du premier *Gratton*; survit aux projets homicides de ses auteurs à la fin du tome deux; et trouve le moyen de se cloner à la fin du tome trois.

Chez Falardeau, comme dans la vie, il n'y a que la bêtise qui ne meure pas. Pierre, lui, est parti, nous laissant des films qui nous parlent encore. Aurons-nous le courage de leur répondre? Ou même, à défaut de courage, le sursaut d'instinct nécessaire pour comprendre qu'il y va de notre survie?

« Nous avons toute la mort pour dormir. »

Georges Privet

Texte hommage à Pierre Falardeau écrit par le cinéaste Bernard Émond pour les Rendez-vous du cinéma québécois, en février 2010, et publié dans Il y a trop d'images *(Lux, 2011), recueil de textes de l'auteur.*

Servir

Pour Pierre Falardeau cinéaste, la réalité était souveraine. Ses films venaient du réel et il voulait qu'ils retournent dans le réel pour agir sur lui.

Pierre Falardeau était l'héritier d'une longue lignée d'artistes pour qui l'art venait du peuple et devait retourner au peuple pour mériter d'exister : Siqueiros, Miron, Orwell, Perrault, Neruda. Tous avaient de leur travail une conception que partageait Pierre : ils voulaient servir.

Vouloir servir : c'est-à-dire reconnaître l'existence de choses qui sont plus grandes que nous, qui sont dignes de foi, qui valent qu'on s'engage pour elles. Pour Pierre Falardeau, l'existence de ces choses ne faisait aucun doute : l'égalité, la justice, l'indépendance.

Il est de bon ton aujourd'hui de mettre en question ce que ces valeurs représentent, de les relativiser, de les rapetisser jusqu'à l'insignifiance, d'en douter. Pour Falardeau ces valeurs n'étaient pas des questions, mais des réponses. Et elles éclatent dans tout son cinéma.

Il faut le dire : les films de Pierre, quelle que soit leur forme, documentaires, drames, comédies, tragédies, pamphlets, tous ses films sont un long cri de revendication pour l'égalité, la justice, l'indépendance. Cri d'alarme, de détresse, de colère.

D'une certaine manière, ses trois grands longs métrages, *Le Party, Octobre* et 15 *février* 1839 sont un seul et même film de protestation. La métaphore de l'enfermement en est le centre absolu. L'enfermement, c'est-à-dire le contraire de la liberté et de l'indépendance. Le contraire de la justice.

Mais il en va ainsi de tous ses films et on peut voir les *Elvis Gratton* comme une charge contre l'enfermement dans la bêtise. L'enfermement dans l'injustice, la servitude et la dépendance.

Pour Pierre Falardeau, le cinéma, c'était le combat politique continué par d'autres moyens. Au Québec, parmi les cinéastes de sa génération, on chercherait en vain quelqu'un qui ait autant agi sur le réel. Pierre Falardeau était un homme libre. Il a servi.

Bernard Émond

Spécialiste du cinéma québécois, l'auteure est professeure de cinéma au collégial. Elle a signé un livre d'entretiens avec Pierre Falardeau en 1999 : Pierre Falardeau persiste et filme! *(Hexagone, 1999). Le texte qui suit est tiré d'un numéro spécial du* Bulletin d'histoire politique *sur le cinéma politique de Falardeau paru à l'automne 2010.*

La figure du héros dans le cinéma de Falardeau

Autour des films Octobre et 15 février 1839

« Et je sais qu'il y en a qui disent : ils sont morts pour peu de chose. [...] À ceux-là il faut répondre : "C'est qu'ils étaient du côté de la vie. C'est qu'ils aimaient des choses aussi insignifiantes qu'une chanson, un claquement des doigts, un sourire. Tu peux serrer dans ta main une abeille jusqu'à ce qu'elle étouffe. Elle n'étouffera pas sans t'avoir piqué. C'est peu de chose, dis-tu. Oui, c'est peu de chose. Mais si elle ne te piquait pas, il y a longtemps qu'il n'y aurait plus d'abeilles." »
– Jean Paulhan
« L'abeille », texte signé Juste,
paru dans *Les Cahiers de Libération*, 1944

« On me reproche de vouloir faire de Chevalier de Lorimier un personnage trop héroïque, alors que je propose un héros à hauteur d'homme. Comme si la grandeur d'âme, le courage, la force de caractère nous étaient des valeurs étrangères. Comme si dans nos cerveaux colonisés, il n'y avait pas de place pour les héros. Regardez le cinéma québécois, lisez la littérature québécoise, les ratés, les ti-clins, les minables prennent toute la place. »
– Pierre Falardeau
« De Lorimier et la conscience politique »,
préface à *Lettres d'un Patriote condamné à mort*, 1996

Qu'est-ce qu'un héros? Voilà une question qui semble toute simple, au départ; et pourtant, dès qu'on cherche à en préciser les contours, les frontières se brouillent. Terme déformé par le temps, banalisé, parfois ambigu ou vidé de son sens, il recouvre aujourd'hui des réalités très diverses. Comment s'y retrouver lorsque qu'un même mot désigne indifféremment des personnages réels ou imaginaires, qualifiant aussi bien les exploits de Che Guevara que ceux de James Bond, Maurice Richard ou Jean Moulin? Le *Petit Robert* donne cette définition du héros : « Un personnage légendaire auquel on prête un courage et des exploits remarquables ». Mais ceci étant posé, comment le distinguer du martyr ou de la victime, par exemple? Jean Moulin, justement, héros ou martyr? Les premiers chrétiens qui meurent sous la torture en refusant d'abjurer leur foi : des héros? Et le kamikaze islamiste qui se fait exploser dans un avion? Et ceux qui étaient dans l'avion?... Sans prétendre apporter de réponses définitives à ces questions, il m'a semblé que le fait de comparer la représentation du héros à travers quelques films québécois majeurs, parmi lesquels *Octobre* et *15 février 1839* de Pierre Falardeau se démarquent aisément, permettrait d'éclairer à la fois la figure héroïque et sa représentation dans notre cinéma national.

Bien entendu, le profil du héros évolue et subit plusieurs mutations selon l'époque ou la société qui l'engendre. Mais sa fonction demeure invariable : chaque nation écrit son histoire et fabrique ses héros, indispensables non seulement pour consolider l'identité nationale mais aussi pour cristalliser dans l'imaginaire collectif le mérite moral et le geste exemplaire (miroir du passé) pour en faire un modèle de l'action présente ou à venir. La question du point de vue est donc essentielle, ici. Voilà pourquoi elle occupera la majeure partie de ce texte.

Par ailleurs, étudier la représentation du héros dans notre cinéma national n'est pas une mince affaire quand, justement, le principal problème consiste à repérer ces héros. Si l'on exclut les figures mythiques que sont devenus Léopold Tremblay ou Grand Louis[1] – qui ne sont pas des personnages fictifs – dans quels films québécois s'illustrent-ils? À ce sujet, j'avoue mon adhésion totale au point de vue de Falardeau inscrit en épigraphe de ce texte : je partage son indignation devant la kyrielle de victimes innocentes, de personnages passifs, écrasés et vaincus qui tiennent lieu de héros dans notre cinématographie, et tout particulièrement dans les films à caractère historique ou politique. Son discours me rejoint (mais qui donc tiendra ce discours, désormais?) parce qu'il rejette ce conditionnement à la défaite et cette *passivité du vaincu*, pour reprendre l'expression si juste d'Hubert Aquin[2], qui imprègnent notre cinématographie nationale et particulièrement les films historiques. Voyez *Quelques arpents de neige*[3] ou *Quand je serai parti... vous vivrez encore*[4]. Voyez *Bingo*[5], *Les Ordres*[6], *Les Années de rêve*[7], *Nô*[8]...

Ces films abordent tous l'une ou l'autre des périodes majeures de la résistance québécoise, soit les rébellions de 1837-1838 ou les événements d'octobre 1970, et pourtant aucun d'eux ne propose de véritables « héros » porteurs de ces événements. Les protagonistes de ces œuvres sont presque toujours désespérés, victimes d'injustices graves, certes, mais surtout pétrifiés, abattus, incapables de se révolter. Ailleurs, pourtant, des cinéastes mettent en scène des histoires qui rendent compte des soulèvements et des combats engagés par des gens souvent anonymes qui se tiennent debout, qui posent le geste qu'il faut au bon moment simplement parce qu'ils sont convaincus de sa nécessité, et cela donne des films comme *La Bataille d'Alger, Land and Freedom, L'Espoir, Calle Santa Fe, Rome ville ouverte, La Bataille du rail, L'Armée des ombres* et plus récemment, *L'Armée du crime*, et j'en passe. Alors, pourquoi cette absence au Québec?

Examiner cette question par le biais des films de Falardeau à qui, étrangement, plusieurs ont reproché ses « héros trop héroïques »[9] n'est pas facile non plus. Pour les Patriotes du film *15 février 1839*, la chose se conçoit assez bien et j'y reviendrai; mais pour les personnages du film *Octobre*, la question est plus complexe et mérite une attention particulière. Cependant, dans un pays où la perception des termes « héros » et « victime » se confond très souvent, il n'est pas inutile de rappeler que le personnage qui subit l'enlèvement, qui est privé de liberté et qui est exécuté à la fin d'*Octobre* n'est pas pour autant le héros du film. Mais bien sûr, chacun est libre d'interpréter l'Histoire selon ses convictions... ou ses divagations. Ainsi, pour Louis Hamelin, chroniqueur au journal *Le Devoir*, c'est Pierre Laporte « le vrai héros de la crise d'Octobre »[10], tandis que pour les auteurs de la série *October 70*[11], le véritable héros de ces événements n'est nul autre que le lieutenant détective Julien Giguère, le chef de l'escouade antiterroriste! Dans ces circonstances, on peut comprendre qu'un film comme *Octobre*, qui présente les événements du point de vue des felquistes, puisse s'apparenter pour certaines personnes à une sorte d'hérésie. Une question de perception et de point de vue, disions-nous...

Le héros national

Le culte du héros national qui se sacrifie pour la patrie et qui est vénéré ensuite comme un demi-dieu pour ses exploits titanesques ne m'intéresse pas. D'autant que presque tous les régimes ont institutionnalisé ces modèles de surhommes construits essentiellement pour mousser le patriotisme de leur peuple ou leur puissance nationale. De l'ouvrier stakhanoviste au héros de « race supérieure » de l'Allemagne nazie, l'histoire du cinéma et l'Histoire tout court regorgent de ces figures patriotiques monumentales qui se sont finalement effondrées avec le régime qui les avait fabriquées. Le modèle héroïque qui m'intéresse, on l'aura compris, c'est celui qui se fonde sur le mérite moral – disons-le comme ça – et forcément aussi, sur l'action exemplaire; c'est surtout celui du combattant qui assume sa responsabilité jusqu'au bout dans la lutte qu'il a choisie. *Choix* et *responsabilité* : ces seuls mots, déjà, distinguent résolument le héros de la victime. Et ce cas de figure ne peut exister que dans les moments de soulèvements, de guerres ou de catastrophes majeures. Le héros peut être anonyme ou reconnu comme un dirigeant; ce qui importe pour le définir, selon moi, c'est sa conscience d'être responsable des autres dans cette lutte et son exigence de vaincre au nom de la liberté. C'est la figure du résistant qui ne renonce jamais, même dans la défaite. C'est De Lorimier et tous les autres Patriotes qui meurent dignement sur l'échafaud au Pied-du-Courant en 1839. C'est Manouchian et ses 21 camarades fusillés au mont Valérien en 1944, et ce sont tous les autres, anonymes mais bien vivants, qui se battaient et se battent encore aujourd'hui pour la vie, ces milliers d'abeilles qui ont piqué la main qui les étouffait. Pour ne pas disparaître.

Le martyr se présente autrement. Fortement connoté par la religion chrétienne (à l'origine du terme), juive, musulmane ou autre, le mot renvoie surtout à l'idée de la persécution, du sacrifice au nom de la foi. Il qualifie les saints catholiques ou les kamikazes islamiques, par exemple. Par extension, souvent, le mot est attribué tant à la victime qu'au héros mort pour ses idées, ce qui brouille un peu le sens de chacun de ces termes, me semble-t-il. Ainsi on dira de Jean Moulin, ce *roi supplicié des ombres*, pour reprendre la poignante formule d'André Malraux, qu'il est un martyr de la Résistance. Mais je préfère réserver ce terme à celui qui agit au nom de sa foi religieuse jusqu'au sacrifice de sa vie. Cette distinction m'importe parce qu'elle influence parfois, comme on le verra plus loin, la représentation du héros au cinéma.

Quant à la victime, on l'a vu, c'est celui qui subit sans choisir, celui à qui on impose des tourments auxquels il ne peut se soustraire et qui souvent en meurt. C'est Pierre Laporte pendant la crise d'Octobre, bien sûr, mais ce sont aussi des millions de personnes partout dans le monde qui n'ont jamais demandé à être chassées de leurs terres par des soldats ou des colons, ou qui n'ont certainement pas choisi d'être arrêtées, torturées ou assassinées par les autorités en place. Ce sont des victimes, ce ne sont pas des martyrs ni des héros; et la révolte, me semble-t-il, est rarement menée par des victimes.

Évidemment, selon le contexte ou le point de vue, chacun de nous décide de s'identifier aux victimes, aux héros ou aux martyrs, au cinéma comme dans la vie. Je ne cherche pas à établir la moindre hiérarchie entre ces catégories; simplement, il m'a semblé utile de les distinguer avant de poursuivre avec leur représentation dans notre cinéma à travers les deux périodes majeures de résistance au Québec : les rébellions des Patriotes au XIXe siècle et la crise d'Octobre en 1970. Les œuvres les plus emblématiques de ces moments de révolte ont été réalisées par Michel Brault (*Les Ordres* en 1974, *Quand je serai parti... vous vivrez encore* en 1999) et par Pierre Falardeau (*Octobre* en 1994, *15 février 1839* en 2001). Quatre films, deux moments de notre histoire, deux cinéastes... mais surtout deux regards très différents sur ces événements et sur ceux qui les ont vécus de près. Parce que toute la question est là : comment filmer une histoire vraie? Comment prétendre à cette vérité historique dans une transposition à l'écran? Au cinéma – comme en histoire, d'ailleurs – la vérité des faits est toujours liée au point de vue de celui ou de celle qui les interprète.

La crise d'Octobre 1970

Si Brault a choisi en 1974, avec *Les Ordres*, de montrer l'humiliation de citoyens dépouillés de leurs droits fondamentaux, Falardeau, vingt ans plus tard avec *Octobre*, s'est plutôt penché sur les événements et les motivations qui ont poussé de jeunes militants du FLQ à prendre en otage et à exécuter le ministre Pierre Laporte. Mais ce n'est pas tant le choix du sujet qui distingue ces deux œuvres, que leur rapport à l'oppression; quand Brault pointe sa caméra sur les victimes de la Loi des mesures de guerre, Falardeau s'intéresse plutôt aux convictions et aux doutes de cette fraction de combattants pour qui la lutte armée était devenue la seule voie possible dans l'accession à l'indépendance du Québec. Il montre *des hommes d'exigence*[12], prêts à tuer, c'est vrai, mais aussi prêts à mourir pour leur combat. Dans les deux cas, les cinéastes ont construit leur scénario à partir de témoignages réels : 50 entrevues de personnes incarcérées en octobre 1970 pour Brault, une longue entrevue de Francis Simard[13] pour Falardeau. Et les deux films se répondent, comme plusieurs l'ont déjà souligné, en ciblant tour à tour les victimes et les acteurs de ce drame politique, sans jamais privilégier un seul protagoniste ou « héros » dans le récit. Le drame humain et le désarroi chez Brault, la révolte politique et la tragédie chez Falardeau.

Les Ordres, c'est un film incontournable pour saisir le climat d'octobre 70 et la douleur d'un peuple qui s'est réveillé, en pleine nuit, sous le coup de la Loi des mesures de guerre. Le seul fait de ne privilégier que le point de vue de ceux qui en ont été victimes (arrachement de leur milieu, incarcérations abusives et arbitraires, droits élémentaires bafoués, remises en liberté tout aussi arbitraires) suffit pour reconnaître au film sa valeur politique. Brault filme la blessure d'un peuple humilié et cette blessure se lit sur les visages des cinq protagonistes interprétés par des acteurs hors du commun. Il s'attarde aussi sur quelques policiers qui se justifient bêtement d'abuser de leurs nouveaux pouvoirs en invoquant « les ordres » venus d'instances jamais précisées dans le film. La plus grande force de l'œuvre, tous les professeurs de cinéma vous le diront, c'est sa structure narrative admirable qui combine plusieurs procédés de distanciation brechtienne[14].

Mais – car il y a un « mais » – tout se passe dans ce film comme si la dimension politique des événements n'effleurait aucun des personnages : ni les victimes, ni les geôliers.

« D'une part, les humiliés, médusés par l'agression inattendue, ne réussissent pas à comprendre les raisons de ce qui leur arrive. D'autre part, les tortionnaires agissent machinalement et efficacement sans pouvoir expliquer et saisir le sens véritable de ce qu'ils font »[15].

Et cela finit par étonner, par déranger. Parce qu'il est tout de même curieux de concevoir un film sur la crise d'Octobre basé sur des faits réels sans la moindre référence aux responsables politiques qui ont privé toute une population de ses droits fondamentaux. Étrange, aussi, ce choix de passer sous silence les interrogatoires musclés et le recours à la violence physique de la part des policiers, d'éviter toute discussion politique entre les détenus lors de leur incarcération en les montrant essentiellement accablés par leur propre sort, sans vraiment éprouver ni colère, ni révolte. Michel Brault a filmé des êtres humiliés, écrasés par leur malheur; il n'a retenu de ses entrevues auprès de 50 personnes que les éléments qui en faisaient des victimes innocentes d'un dérapage politique jamais identifié. Et je crois que la conclusion du film illustre parfaitement son propre point de vue sur ces événements : le docteur Beauchemin dit qu'il accepte mal cette « erreur » de leur incarcération (une erreur! Comme si cela ne faisait pas partie d'un plan pour briser tout le mouvement de résistance...) et Clermont Boudreau termine ainsi son témoignage :

« On va s'remettre au travail. Y a rien qu'ça à faire. On est dressés comme ça. En autant qu'ça aura servi à quek'chose... Pis comme dit Marie, après l'hiver y a toujours une débâcle »[16].

Le cinéaste montre l'oppression, l'humiliation des victimes, mais jamais leur prise de conscience ni leur révolte contre cette oppression. Au mieux, il souhaite que les choses changent d'elles-mêmes (cette débâcle à venir), comme une sorte d'évolution naturelle et inéluctable.

Falardeau procède différemment avec *Octobre*. Son point de départ, c'est justement la révolte et le point de vue des felquistes; le parti pris, dès le début du projet, c'est de coller au réel le plus possible – celui qui s'est vécu sur la rue Armstrong – un peu à la manière de Truman Capote dans son roman *In Cold Blood*. Sans surprise, ici, la politique est au cœur du récit, au cœur des préoccupations des personnages et des dialogues du film. Les discussions entre les personnages sur les enjeux politiques de la crise traversent tout le film et les références aux figures marquantes de ces événements ne sont ni vagues, ni allusives : le FLQ, l'armée qui occupe le Québec, Trudeau, Bourassa, Laporte, etc., tous ces gens sont nommés. Seuls les membres de la cellule Chénier ne sont pas identifiés par leur nom bien que l'épilogue du film associe à la photo de chacun des acteurs les matricules de prisonniers des frères Rose, de Simard et de Lortie. La caméra de Falardeau est toujours avec les militants, rien ne se passe dans le film en leur absence : l'enlèvement, les sept jours de séquestration, la décision ultime de l'exécution. Pour ne pas avoir à inventer ce qui ne lui a pas été raconté.

Loin de nier le parti pris affiché dans son film, le cinéaste l'a toujours revendiqué au contraire, parce que pour lui, la neutralité n'existe pas en art. Ce qui l'intéresse dans les événements d'Octobre, ce sont les motivations qui poussent de jeunes militants tellement convaincus et engagés dans la lutte pour l'indépendance de leur pays qu'ils sont prêts à tuer et à mourir pour ce combat. Il cherche à filmer sans complaisance une semaine dans la vie d'un otage et de quatre hommes qui assument leur rôle de geôliers au nom de leur combat. Leur objectif : obtenir la libération de leurs camarades emprisonnés mais, surtout, gagner une première victoire dans cette lutte pour l'indépendance. Il les montre tour à tour traversés par l'espoir et le doute, déchirés par le terrible choix à faire entre leur idéologie et la vie d'un homme. Qui donc avait filmé cela avant lui, au Québec? Ou même à l'étranger? Mis à part *État de siège*[17], bien peu de films ont proposé une réflexion sur ce type de motivation politique, préférant se concentrer sur les événements et leurs conséquences comme le fait, par exemple, *L'Affaire Aldo Moro*[18]. Mais qui s'étonnera que Falardeau se soit intéressé à cette question de la conscience et de la motivation politique dans *Octobre*, alors que toute sa filmographie et tous ses écrits n'ont jamais cessé de creuser cette idée dans tous les sens?

Par ailleurs, si le cinéaste refuse le statut de victime à ses personnages – sauf à l'otage, bien sûr – est-ce qu'il leur attribue pour autant celui de héros? Du début jusqu'à la fin du film, il dépeint des combattants responsables, conscients des enjeux politiques, assumant jusqu'au bout leurs choix et leur destin. Ils ne subissent pas, ne renoncent jamais à leur exigeante lutte pour la liberté, malgré la défaite. À la question « coupable ou non coupable? » qui leur sera posée lors de leurs procès, les quatre hommes répondront respectivement et solidairement : « responsable », même s'il était déjà prouvé que deux d'entre eux étaient absents au moment de la mort de Pierre Laporte; c'est la conclusion du film, totalement copiée sur le réel encore une fois. Solidaires et responsables. Malgré cela, le film ne les présente jamais comme des héros; plutôt comme des militants confrontés à l'échec tragique de leur action et responsables d'un assassinat politique, ce geste devenu pour eux *nécessaire et injustifiable*[19]. Et si plusieurs ne voient en eux que des criminels, je ne peux m'empêcher de penser, avec Falardeau, que toutes ces actions du FLQ (explosions de bombes, « activités de financement », enlèvements, exécution d'otage) sont criminelles comme sont criminels les gestes posés par tous les résistants : explosions de grenades, déraillements ferroviaires, assassinats sélectifs (des ennemis, comme des traîtres au mouvement, etc.). N'est-ce pas ce que nous voyons dans des films comme *L'Armée des ombres*[20] ou *L'Armée du crime*[21]? Mais bien sûr, la victoire finale et la mort des résistants français a transformé ces « criminels » exécutés par les Allemands et la police de Vichy, en héros, quelques années plus tard. On peut se demander de quelle manière les membres de la cellule Chénier et leurs camarades seraient perçus, aujourd'hui, si leur lutte avait contribué à la victoire. Ne feraient-ils pas partie de ce bataillon de résistants impliqués dans ce long combat pour l'indépendance, initié par les Patriotes? Alors que l'échec de leur action les a confinés au statut de criminels insurgés et vaincus[22]. Pierre Falardeau est le premier et le seul cinéaste québécois à avoir posé un regard différent sur ces hommes. Son point de vue dérange, sans doute; il est cependant essentiel pour comprendre l'ensemble des événements qui ont ébranlé le Québec en octobre 1970.

Les Rébellions de 1837-1838

Malgré leur défaite, les Patriotes de 1837-1838 sont généralement considérés comme des héros au Québec (ce qui n'est pas du tout le cas au Canada anglais, évidemment). On a érigé des monuments en leur mémoire, des rues portent leur nom, une journée nationale leur est consacrée. Et pourtant, leur lutte et leurs gestes héroïques sont assez peu connus – en tout cas, des étudiants que je côtoie depuis une vingtaine d'années – et bien peu d'auteurs ou de cinéastes nous ont rappelé leur histoire, à l'exception de Michel Brault et de Pierre Falardeau. Encore une fois, même si leurs films s'abreuvent sensiblement aux mêmes sources documentaires, leur point de vue diffère considérablement et le fait de les regarder l'un à la suite de l'autre accentue inévitablement ces différences.

Selon Brault, l'ambition de son film *Quand je serai parti...* est la même que pour *Les Ordres* : alimenter notre mémoire et notre conscience.

« Je souhaite avant tout, grâce à lui [son film *Quand je serai parti...*], avoir participé à une plus grande conscience collective de ce qu'on est, un peu comme en faisant *Les Ordres* je voulais fournir à mes compatriotes une connaissance un peu plus grande de ce qui venait de se passer dans leur propre pays »[23].

Ce désir de conscientisation et de fidélité aux événements est perceptible dans le film, quitte à inventer un personnage fictif à partir de témoignages réels[24] comme le faisait déjà *Les Ordres*. D'autres parallèles peuvent s'établir entre ces deux œuvres de Brault qui semblent postuler que de défaite en déroute, l'Histoire se répète. La citation de John Fraser[25], par exemple, en ouverture de *Quand je serai parti...*, rappelle celle d'un autre libéral aux prétentions humanistes, Pierre Elliot Trudeau, inscrite au tout début des *Ordres*[26]. Par ailleurs, plusieurs scènes se répondent d'un film à l'autre, comme celles d'une mère et de ses filles réveillées en pleine nuit par des soldats britanniques à la recherche de « dangereux insurgés » (Louise Portal dans *Quand je serai parti...*) ou par des policiers montréalais (Hélène Loiselle dans *Les Ordres*), ou encore les scènes montrant les personnages interprétés par Claude Gauthier oscillant entre la colère retenue et l'abattement dans chacun des deux films.

Mais ce qui traverse véritablement les deux œuvres, c'est le point de vue – toujours le même – de l'auteur, sa lecture des événements, sa façon de regarder les personnages. Tout comme dans *Les Ordres*, la douleur et l'humiliation des protagonistes sont au cœur du récit de *Quand je serai parti...*, et de la même manière, ce dernier « s'attarde plus à l'expérience personnelle des individus qu'aux mécanismes politiques de l'oppression »[27]. Si l'on pouvait accepter, à la rigueur, que Brault se cantonne à la représentation des victimes dans *Les Ordres,* ce point de vue devient intolérable dès lors qu'il concerne les Patriotes. Difficile, en effet, de consentir à ce glissement de sens qui nous force à troquer, dans notre imaginaire, le statut de héros des Patriotes pour celui de victimes. Car comment qualifier autrement ces personnages falots et désorganisés, ces rebelles effondrés devant leur destin? Écoutez le père Bouchard (Claude Gauthier) se plaindre à son fils : « Y a personne qui veut nous aider!... » Voyez De Lorimier (David Boutin) désemparé par la trahison, pétrifié devant l'ennemi, incapable de commander son bataillon, délaissant le combat pour sourire, hébété, à un oiseau chantant au-dessus de lui[28]. Voyez F.-X. Bouchard (interprété mollement par Francis Reddy), pitoyable et vaincu avant même de se battre, plus crédible dans son rôle de « porteur d'eau »[29] que dans celui de combattant pour la liberté... Est-ce bien ainsi que nous imaginons ceux qui ont résisté et donné leur vie pour l'indépendance? Ce qui frappe avec ce film, c'est que même lorsque des personnages réels se comportent indiscutablement en héros, comme ce fut le cas des Patriotes, Michel Brault ne peut s'empêcher de ne voir en eux que des victimes.

« Dans la douleur de nos dépossessions »... Cette belle phrase de Gaston Miron, citée en exergue de *15 février 1839*, immédiatement après le prologue dévoilant les saccages, viols et autres exactions commises par l'armée britannique, indique déjà l'esprit du film de Pierre Falardeau. Miron plutôt que Fraser, la révolte plutôt que l'apitoiement. Quand le film commence, les Patriotes sont déjà incarcérés; il se concentre donc sur les derniers moments de la vie de condamnés à mort qui doivent assumer ce destin avec courage devant leurs camarades mais aussi devant l'Histoire. Pas la moindre trace de victimes, ici : plutôt le portrait de combattants qui ont peur, certes, mais qui continuent malgré leur mort si proche, et peut-être justement à cause d'elle, de clamer leurs convictions, de confronter leurs bourreaux, d'assumer leur engagement politique. À son camarade Lévesque, enragé contre les oppresseurs, qui remercie De Lorimier (Luc Picard) pour tout, ce dernier lui rétorque :

« T'as pas à me remercier. On a fait ce qu'y avait à faire... Un homme a pas le droit de se laisser humilier. Un peuple non plus... Même battu, même écrasé... On peut toujours relever la tête... »

J'aurais pu choisir des dizaines de répliques comme celle-ci pour illustrer l'importance, chez Falardeau, de présenter les Patriotes comme des combattants déterminés, cohérents et conscients, des modèles de dignité jusqu'à la fin. Pensez au plaisir qu'a dû éprouver le cinéaste en écrivant cette scène d'un détenu tout souriant qui abreuve son geôlier britannique d'injures en français que le pauvre soldat, hébété, ne comprend pas... Qui d'autre que lui pouvait filmer cette réjouissante inversion d'une situation coloniale? Et ce dernier repas des détenus, présenté à la fois comme un banquet de fête (tout le monde boit, mange et rigole en faisant des blagues grivoises sous le regard consterné des soldats) et comme la dernière Cène (les camarades entourant De Lorimier qui lève son verre « [...] à tous ceux qui préfèrent mourir debout plutôt que de vivre à genoux! »). Et cette réplique cinglante de De Lorimier sur l'échafaud, en réponse au soldat qui le supplie, en anglais, de dire quelque chose avant de mourir : « Aujourd'hui j'ai plus peur... *I'm not afraid anymore...* Ast'heure, ça va être à votre tour d'avoir peur... *It's your turn.* » Pierre Falardeau a toujours considéré les Patriotes comme des héros, il ne s'en est jamais caché, et ce sont incontestablement des figures de héros qui traversent son film.

Si Michel Brault choisit le drame humain comme vecteur de ses deux films, Pierre Falardeau, de son côté, préfère la tragédie pour raconter *Octobre* et *15 février 1839*. Et c'est encore plus évident dans ce dernier film, tellement toutes les données s'imbriquent jusque dans les moindres détails pour construire une véritable tragédie classique. La règle des trois unités, d'abord, la plus évidente : l'unité de temps, de lieu et d'action, concentrant le récit des dernières heures des condamnés à mort dans l'espace réduit de la prison, huis clos amplifié par les cadrages en cinémascope. Et puis, bien sûr, le comportement héroïque des personnages, leur feu intérieur, leur lucidité devant ce destin inéluctable. Mais c'est surtout la forme du récit, sa structure classique en cinq actes et sa progression dramatique et lyrique jusque dans l'achèvement final – la marche des condamnés vers l'échafaud accompagnée d'un chœur (les détenus toujours incarcérés) et d'une musique quasi mystique – qui confirment le registre de la tragédie. Une analyse sommaire de cette marche vers l'échafaud démontre la volonté du cinéaste d'inscrire ce destin tragique des héros, non pas comme un échec inévitable dans notre mémoire de peuple conquis, mais bien plutôt comme l'issue logique de tout combat révolutionnaire : la victoire ou la mort. Comment interpréter autrement ce montage remarquable de scènes associant dans un même espace/temps : le cortège des détenus en route vers la potence – marqué par la terreur de Daunais qui vacille mais qui se relève aussitôt pour offrir une dernière image de dignité, et par la colère de Narbonne qui hurle : « Un jour, y vont payer pour ça » –, De Lorimier qui monte vers le gibet en jetant un coup d'œil sur les cercueils déjà prêts et sur l'enfant qui inscrit à jamais ce regard dans sa mémoire, leurs camarades emprisonnés dans la salle commune, formant un véritable chœur quand tous ensemble, s'emparant d'un banc, d'une chaussure ou de tout ce qui leur tombe sous la main, se mettent à frapper par terre ou sur leurs barreaux, en cadence, comme s'ils poussaient un long cri de rage tout au long de l'action, pendant que Lévesque (Pierre Rivard), tel un coryphée dans les tragédies antiques, commente pour ses camarades (et pour les spectateurs) du haut de sa fenêtre à l'aide de son petit miroir et d'une voix déchirée par la douleur : « Ils les attachent », ou encore « Narbonne vient de se détacher! », et puis qui baisse la tête, en silence, quand tout est fini... Et ce *De Profundis* inspiré d'une version catalane du *Chant de la Sybille*[30], cette musique qui accompagne le prologue et la dernière séquence du film, n'est-elle pas une référence explicite à cet oracle qui annonçait le jugement dernier, tout comme De Lorimier qui lance au soldat britannique : « Ast'heure, ça va être à votre tour d'avoir peur... *It's your turn* »?

Si la figure du héros est indissociable de celle du combattant dans *15 février*, il est aussi possible d'y percevoir, à certains moments, quelques traits du martyr, particulièrement dans le traitement réservé au personnage de De Lorimier. Les nombreuses références aux valeurs chrétiennes ou du moins mystiques, présentes dans le film, autorisent ce rapprochement entre les deux figures. Il y a d'abord quelques tableaux dont l'esthétique et la mise en scène rappellent de toute évidence certains passages de la Passion : le dernier repas des détenus qui s'apparente à la dernière Cène; le plan où Henriette, l'épouse de De Lorimier, tient dans ses bras le corps de son mari condamné à mort, dont la posture rappelle sans équivoque la *Pietà* de Michel-Ange; et la métaphore du mouchoir rouge que De Lorimier échappe au moment de sa mort, tombant sur la neige telle une flaque de sang au moment où apparaît sur l'écran cette inscription : « *Je suis un peu du sang qui fertilise la terre... Je meurs parce que je dois mourir pour que vive le peuple*, Anonyme, cité par le Che », n'est pas sans rappeler la figure du Christ qui se sacrifie sur la croix pour que vivent les hommes. Difficile de ne pas établir le rapprochement. Par ailleurs, les scènes entre le curé Blanchet (Julien Poulin) et De Lorimier se multiplient, surtout vers la fin du film; nous assistons alors à des bénédictions et des prières où l'on entend distinctement des incantations telles que : « *Doux Jésus, je ne refuse pas votre croix* », et surtout à une longue scène empreinte de rituels sacrés dans laquelle le curé, récitant des prières latines, applique un peu d'huile « sainte » sur les yeux, les mains et les pieds de De Lorimier. Une préparation au sacrifice qui pourrait s'appliquer davantage à un martyr, me semble-t-il. Toutefois, conscient du rôle funeste de l'Église durant les Rébellions, Falardeau prend grand soin de nous présenter le curé comme un combattant (il a fait de la prison avec les Patriotes), il dénonce au passage les « mandements » de Monseigneur Lartigue, et fait même dire au curé l'une de ses phrases préférées : « Pour les lâches, la liberté, c'est toujours extrémiste ». Finalement, malgré quelques manifestations de la figure du martyr dans le film, c'est sans contredit celle du héros combattant qui domine tout le récit de *15 février 1839*.

En guise de conclusion

« Chacun est responsable. Personnellement. Responsable de tous. Responsable de tout. Quelles que soient sa langue, son origine ethnique ou la couleur de sa peau. Il y a un prix pour la victoire. Il y a un prix pour la défaite. Le moment venu, chacun devra rendre des comptes[31]. »

S'il fallait trouver un seul mot pour décrire Pierre Falardeau, je crois bien que le mot « responsable » s'imposerait d'emblée tellement il était au cœur de sa pensée, de ses écrits, de ses films. Certains artistes expriment de temps en temps leurs opinions politiques, selon la conjoncture, puis s'intéressent à autre chose dans leurs œuvres. Pierre n'était pas de ceux-là : il était totalement incapable de faire cette coupure-là. Il fallait que ses films soient politiques comme l'étaient ses articles et toutes ses contributions; il n'y avait aucune distance entre sa vie, ses films, sa pensée. Même à la fin, quand il ne pouvait plus tourner parce que ses projets étaient encore et toujours refusés, il continuait d'écrire, d'enfoncer le clou. Toujours le même.

Je sais qu'il n'aimerait pas trop lire la phrase qui suit parce qu'il était très pudique et l'éloge le paralysait, mais Falardeau, pour moi, à l'image de ses personnages, c'est la figure du résistant qui ne renonce jamais. Parmi toutes ces abeilles qui ont piqué la main qui les étouffait pour ne pas disparaître, Pierre était certainement leur plus magnifique bourdon avec son rire dévastateur, sa voix rocailleuse, ses mots implacables et ses films essentiels. S'il émettait volontiers ses opinions politiques et le faisait parfois même bruyamment, il a toujours été plutôt discret sur ses préoccupations intimes et je n'avais jamais soupçonné ses valeurs spirituelles avant d'examiner attentivement son film *15 février*. Nous n'en avions jamais parlé ensemble, je n'en voyais pas l'intérêt. Aujourd'hui, j'imagine – à tort, peut-être, comment savoir – que nous nous serions parfois un peu accrochés sur ces questions. Je dois dire que cette découverte m'a étonnée, d'abord, et finalement émue, après coup. Comme si son œuvre me permettait de continuer à découvrir la pensée de cet homme et de cet artiste que j'ai toujours aimé profondément. À jamais.

Il faut voir ses films.

Mireille Lafrance

[1]Les deux êtres exceptionnels du film *Pour la suite du monde*, Pierre Perrault, Michel Brault, 1963.

[2]Hubert Aquin, « L'art de la défaite, considérations stylistiques », *Liberté*, vol. 7, nos 1-2, 1965, p. 37.

[3]*Quelques arpents de neige,* Denis Héroux, 1972.

[4]*Quand je serai parti... vous vivrez encore,* Michel Brault, 1999

[5]*Bingo,* Jean-Claude Lord, 1974.

[6]*Les Ordres,* Michel Brault, 1974.

[7]*Les années de rêve,* Jean-Claude Labrecque, 1984.

[8]*Nô,* Robert Lepage, 1998

[9]Ce commentaire émis par un représentant de Téléfilm Canada au sujet de Chevalier de Lorimier est rapporté par Falardeau dans la préface qu'il a rédigée pour son scénario *15 février 1839,* Montréal, Stanké, 1996, p.17. D'autre part, Nathalie Petrowski, chroniqueuse à *La Presse,* a formulé une critique similaire dans son billet : « Lettre à Pierre Falardeau » , *La Presse,* 26 octobre 1996, p. A5.

[10]Louis Hamelin, « La crise d'Octobre, une histoire de chiffres », *Le Devoir,* 19 septembre 2009. Cette phrase citée ici est la conclusion de son texte. D'autre part, ses nombreuses conjectures autour des chiffres et des significations alambiquées contenues dans les messages « codés » du ministre Laporte sont absolument divertissantes...

[11]*October 70,* minisérie télévisée produite par la CBC en 2006, réalisée par Don McBrearty, scénarisée par Wayne Grigsby et Peter Mitchell.

[12]J'emprunte le terme à Camus qui qualifiait ainsi les jeunes terroristes russes du début du XIXe siècle : « Ce sont des hommes d'exigence ». Albert Camus, *L'Homme révolté,* Paris, Gallimard, 1951, p. 208.

[13]L'entrevue s'est déroulée pendant cinq jours. Pour plus de détails concernant la genèse et la réalisation du film, je suggère très humblement la lecture de l'entretien que j'ai mené avec Pierre concernant le film « Octobre » dans *Pierre Falardeau persiste et filme, entretiens,* Montréal, L'Hexagone, 1999, p. 179 à 214.

[14]Une étude très fine des procédés narratifs du film a été rédigée par Gilles Marsolais : *Démasquer les faux maîtres,* article paru dans le dossier « Les Ordres, un film de Michel Brault », Montréal, Éditions de l'Aurore, 1975. Ce dossier comprend plusieurs articles et témoignages ainsi que le découpage technique et les dialogues du film.

[15]André Leroux, *Cri de cœur*, paru dans le dossier « Les Ordres, un film de Michel Brault » sous la direction de Gilles Marsolais, Montréal, Éditions de l'Aurore, 1975, p. 119.

[16]*Découpage technique et dialogue*, Dossier « les Ordres... », ouvr. cité p. 107 et 109.

[17]*État de siège*, Costa-Gavras, France/Italie/R.F.A., 1973.

[18]*L'affaire Aldo Moro*, Giuseppe Ferrara, Italie, 1986.

[19]Ces mots, inscrits en exergue du film de Falardeau, sont extraits du livre de Camus *L'Homme révolté* (ouvr. cit. p. 211). Le cinéaste cite l'auteur mais pour une raison que j'ignore, il a changé le mot « inexcusable », qu'emploie Camus, pour le mot « injustifiable ». Il n'en a pas changé l'esprit.

[20]*L'Armée des ombres*, Jean-Pierre Melville, France, 1969.

[21]*L'Armée du crime*, Robert Guédiguian, France, 2009.

[22]De Lorimier ne disait pas autre chose en écrivant à ses enfants, la veille de sa mort, dans son testament politique : « Le crime de votre père est dans l'irréussite. Si le succès eût accompagné ses tentatives, on eût honoré ses actions d'une mention respectable ». Source : Chevalier de Lorimier, *Lettres d'un Patriote condamné à mort*, Montréal, Comeau & Nadeau, 1996.

[23]Propos recueillis par Marie-Claude Loiselle et Claude Racine, « Quand je serai parti... vous vivrez encore, entretien avec Michel Brault », *24 Images*, n° 96, Montréal, printemps 1999, p. 11.

[24]Le personnage de François-Xavier Bouchard est construit à partir des journaux tenus par quelques Patriotes tels que François-Xavier Prieur, Azarie Archambault, etc.

[25]« Ce serait bien si nous pouvions fermer les yeux sur ces jours sombres et les effacer de notre mémoire, mais c'est impossible », John Fraser, Lower Lachine Company of Foot, 1890.

[26]« Lorsqu'une forme donnée d'autorité brime un homme injustement, c'est tous les autres hommes qui en sont coupables, car ce sont eux qui par leur silence et consentement permettent à l'autorité de commettre cet abus. », Pierre Elliot Trudeau, 1958.

[27]André Loiselle, *Le cinéma de Michel Brault, à l'image d'une nation*, Paris, L'Harmattan, 2005, p. 272.

[28]Sur l'échafaud, juste avant sa mort, le personnage lèvera de nouveau un regard mouillé de larmes vers un oiseau qui chante.

[29]À trois reprises dans le film, François-Xavier Bouchard déambule avec une perche sur les épaules, au bout de laquelle pendent deux seaux d'eau; c'est la dernière image que nous avons de lui, après la pendaison de ses camarades. Difficile d'imaginer une figure plus signifiante de la victime résignée...

[30]C'est Falardeau qui indique la référence au *Chant de la Sybille* dans la version commentée par lui-même sur le DVD du film.

[31]Pierre Falardeau, « Salut, Jérémie, (Lettre à mon ti-cul) », reproduite dans *La liberté n'est pas une marque de yogourt*, Montréal, Stanké, 1995, p. 226.

L'auteur est romancier, scénariste, essayiste et chroniqueur au journal Le Québécois. *Le texte qui suit est également tiré du numéro spécial du* Bulletin d'histoire politique *sur le cinéma politique de Falardeau.*

Falardeau le combattant[1]

Deux jours après la mort de Pierre Falardeau, le chroniqueur Richard Martineau, du *Journal de Montréal*, écrivait que Pierre Falardeau le pamphlétaire avait nui à la cause de l'indépendance. Commentaire à la fois étrange et méprisant, mais surtout extrêmement provocant et blessant pour les proches qui s'attendaient à vivre leur deuil dans le respect qui convient. Cette remarque tenant du déréel ne mérite même pas réfutation tellement elle reflète la superficialité de son auteur. Mais je ne suis pas sûr que Falardeau, de son vivant, aurait laissé passé ça. Il aimait bien passer à la moulinette les invertébrés qui s'aventuraient à le défier du haut de leurs dés à coudre. Falardeau était grand. Voilà qui le résume assez.

Cette dimension, c'est en fait celle de l'homme libre. Son intransigeance, qui parfois détonnait dans le Québec de la rectitude politique, trouvait sa source dans une quête fondamentale, celle de la liberté. Il se rendra compte très tôt que le Québécois, et probablement aussi l'homme moderne, ne sait pas que sa liberté est factice. Ce Québécois ne sait pas que des siècles de conditionnement idéologique et de puissants appareils de désinformation ont construit autour de lui des murs plus infranchissables que ceux des prisons de Guantanamo. Ce sont ceux qu'il porte en lui-même. Mais avant de tenir ce discours, Falardeau s'attache à travers son travail d'artiste, de tribun et d'écrivain à détruire ce mur en lui aussi. Il dira souvent : « Nous sommes tous colonisés à différents degrés, y compris moi. » Ce qu'il appelle Liberté n'a rien à voir avec l'image hollywoodienne qu'on connaît, c'est d'abord une aventure spirituelle, une conquête à l'intérieur de soi-même. Aussi pour lui, l'espace de la culture est à libérer au même degré que l'espace politique. C'est un lieu à investir de sa parole, de son regard, de sa vie. Souvent, il reprochera aux artistes de ne parler de rien, d'accepter l'ordre politique qui nous domine, de refuser le combat, de faire des pubs de McDonald's et de Kellog. Probablement parce que l'artiste est celui dont la condition se rapproche le mieux de l'homme libre dans un sens ancien, il lui accorde un statut qui tient probablement de l'ordre du sacré. Un acteur n'a pas le droit moral de se laisser embrigader par le monde marchand. Il doit être le gardien de la liberté. De même, les poètes et les écrivains et, à un certain degré, les journalistes. Mais cette exigence absolue de Falardeau correspond aussi à une vision absolue : « La liberté n'est pas une marque de yogourt. »

Dans un livre du XVIe siècle qu'il relira souvent, *Discours de la servitude volontaire*, de La Boétie, il trouvera l'explication la plus limpide de ce qu'il vit. Cette pensée de La Boétie, il l'a fait sienne, la citant dans son film *15 février 1839*. Elle se résume à ceci : aucune bête sauvage n'accepte de se faire mettre en cage sans gémir et souffrir cruellement. Seuls les hommes acceptent d'être domestiqués sans contrainte. Le pouvoir n'est qu'une convention. Le maître n'existe que par le consentement des masses. Et pourquoi acceptent-elles? Parce qu'elles ne savent pas ce qu'est la liberté. Il faut trois générations pour l'oublier. Après trois générations, c'est l'esclave qui défend le maître. C'est le dominé qui porte le glaive pour les rois, les princes, les puissants. Et parce qu'il n'était pas cela mais, dès la naissance, un loup sauvage, Falardeau a passé sa vie à mordre et à secouer la cage, essayant au mieux d'expliquer ce que pouvait être la liberté, tout en cherchant à la cultiver à l'intérieur de lui-même. Tout en la défendant à la fois contre le mensonge et les actions guerrières des impérialistes.

Aussi, je ne répondrai pas à Martineau. Mais en disant un peu ce que je connais de Pierre Falardeau, je pense que ce sera bien défendre sa mémoire.

J'ai connu Pierre Falardeau en 1977. Je sortais d'un malheureux schisme qui s'opérait à l'intérieur du Parti des Travailleurs du Québec. Cette formation issue de l'aile gauche du RIN n'avait pu reconstituer la tendance « Socialisme et Indépendance » qui avait éclaté lors de la dissolution du RIN au profit du Parti Québécois. Les milieux socialistes étaient alors rudement secoués par une mouvance pro-canadienne se revêtant du manteau maoïste de l'internationalisme prolétarien qui, en définitive, condamnait la lutte pour l'indépendance des Québécois. Des militants sincères, mais peu formés à l'histoire, se jetaient dans la lutte idéologique et s'emparaient des organisations populaires telles les garderies, les coops d'alimentation, bref, tout ce qu'on appelle aujourd'hui l'économie sociale, et faisaient une guerre acharnée aux militants socialistes non maoïstes. Pour qui voulait militer hors de ce cadre, il ne restait que les syndicats et le Parti Québécois. Pour les tenants d'« Indépendance et Socialisme », c'était le désert. Une sorte d'oasis toutefois se maintenait, c'était le Centre de formation populaire, un organisme financé à la fois par Centraide et par les syndicats, visant à donner de la formation aux bénévoles et cadres des organisations populaires. Suzanne Chartrand, la fille du syndicaliste Michel Chartrand, était une des figures bien en vue de ce centre. En 1977, ce centre a toutefois dû subir l'épreuve du feu. Les maoïstes s'y étaient infiltrés et avaient décidé de paqueter une assemblée pour procéder à sa dissolution. Les militants du CFP avaient réagi de façon un peu syndicale en contrôlant l'entrée de la salle avec une montagne de muscles et en ne laissant entrer que les partisans de la non-dissolution. À la lettre, la démocratie en avait souffert, mais un instrument de libération était sauvegardé. Combattus par les mêmes maoïstes, quelques militants orphelins du PTQ se retrouvent donc au CFP. Sur le plan idéologique, un intellectuel de premier plan, Gordon Lefebvre, permanent alors du CFP, avait recréé autour de lui un noyau d'intellectuels révolutionnaires héritiers de la revue *Parti Pris*, mais également de Pierre Vadeboncoeur. C'est donc autour de ce cercle Gordon Lefebvre et du CFP que j'ai commencé à fréquenter ce loup étrange qu'était Pierre Falardeau. Issu du milieu syndical, ma rencontre avec l'artiste a été tout un choc. Cela a déterminé ma carrière d'écrivain. C'était l'époque du *Magra*, mais surtout de son film de montage *Pea Soup*, coréalisé avec Julien Poulin et où l'on sent toute l'influence de Gilles Groulx. La guerre contre les marxistes-léninistes n'avait jamais dérougi pour lui, car son milieu du cinéma alternatif était aussi contaminé que celui du mouvement populaire. Les annales de la Cinémathèque québécoise pourraient relater une mémorable soirée où Falardeau traite le directeur de la Cinémathèque de « Police Montée » pour avoir lancé un livre intitulé *Les Cinémas canadiens*, où le cinéma québécois n'existe que comme entité francophone du cinéma canadien. Les ennemis faits à cette époque le sont restés pour le reste de sa vie. Et même récemment, à une conférence à

Trois-Rivières, il revient sur cette période qui l'a profondément blessée. Nous sommes à l'aube du référendum de 1980 et des milliers de jeunes militants embrigadés dans la mouvance maoïste refuseront le combat québécois. Évidemment, le référendum de 1980 a été une immense déception pour les indépendantistes mais, en même temps, cela a causé la dislocation définitive de la tendance « Indépendance et Socialisme » issue du RIN et du FLQ. Pour Falardeau, cela ne posait pas vraiment de problèmes. L'indépendance est une valeur en soi. On n'a pas à lui poser de conditions tel le socialisme ou autre « isme » ou ceci ou cela. La liberté est une valeur universelle. Cela se manifeste dans ses conférences par la célèbre phrase : « Que tu sois jaune, noir, blanc, les cheveux rouges ou à petits pois, si t'es pour l'indépendance, t'es mon frère. Si t'es contre, je t'haïs. »

Ces conférences, dans les cégeps, les universités, les comtés, il en aura probablement fait une bonne centaine dans les années qui ont suivi son émergence médiatique. Avec Jacques Parizeau, il était le conférencier le plus couru auprès des étudiants. Sa maîtrise du verbe y était pour quelque chose, aussi son aisance, sa facilité à imager, son recours aux formules choc. Parfois, il ruminait une de ces formules pendant des semaines avant de la placer dans un de ses textes ou de ses interventions. Une belle image apprise auprès d'un pêcheur ou d'un gars de la construction, il la poétisait et lui donnait une tournure littéraire. Ce qui donnera : *Les bœufs sont lents mais la terre est patiente*[2]. Mais le talent n'explique pas à lui seul ce succès de foule auprès des jeunes générations. Il y a quelque chose de plus fondamental et c'est le besoin d'un discours exprimant la racine profonde du nationalisme historique et populaire. Et pour cela, il n'est pas difficile d'avancer qu'à chaque étape de sa vie, Pierre Falardeau articulait la vision la plus juste et la plus conséquente de la condition québécoise.

Il était, au sens où Gramsci le définit, un intellectuel organique, donc connecté sur une culture politique enracinée au sein du peuple depuis l'aube de sa résistance. Il ne portait pas un simple discours, mais une parole et ceci dans le sens qu'il n'y avait pas de hiatus entre l'énoncé de sa pensée et son engagement. Pour lui, la bataille de l'indépendance était un choix entre la vie et la mort. Une question viscérale. Lorsqu'il devint un personnage public, les gens l'arrêtaient sur la rue pour lui dire simplement qu'il exprimait le fond de leur pensée à eux. Il s'étonnait souvent, me confiant parfois : « Mais pourquoi ils le disent pas eux-mêmes? » L'autre variante, c'est quand on disait de lui : « Lui, il parle! » Sa réflexion surprenait, il se disait : « Le problème, c'est pas que je parle, le problème, c'est pourquoi les autres parlent pas. » En fait, Falardeau connaissait la réponse. Il savait qu'il avait épousé la vision des classes populaires de la lutte nationale. Il parlait donc pour ceux qu'on n'entendait jamais, qui n'avaient pas de tribune et qui n'avaient pas les outils intellectuels pour construire un discours. Falardeau a trouvé leurs mots, leurs pensées, leurs espoirs. Il disait ce qu'ils auraient voulu dire. Pour les docteurs en histoire de l'école impérialiste de l'Université Laval, évoquer le thème de l'oppression nationale, c'est une sorte d'absurdité. Mais vu du côté des gars de shops, des pêcheurs de la Gaspésie, des bûcherons de la Lièvre, c'est sensiblement différent. L'oppression essentielle dont parle l'historien Maurice Séguin devient l'oppression quotidienne, celle en particulier de l'oppression linguistique dans ce Montréal de la diglossie. En haut de la montagne c'est Westmount, en bas de la côte c'est Saint-Henri. Falardeau, lorsqu'il se rendait dans les régions, se plaisait à évoquer les quartiers riches et anglais des anciennes villes industrielles qui rendent compte de façon visuelle de la fracture des classes dans un Québec colonisé. Ce nationalisme populaire plongeait dans de très anciennes racines et participait du mécanisme de la mémoire que Falardeau partageait et enrichissait. À mon sens, Falardeau était simplement ce qu'on appelle une voix. Elle exprimait un peuple, certes, mais plus que cela, elle se reconnaissait dans sa résistance.

Lorsque Falardeau racontait l'origine de son éveil politique, il revenait presque toujours à son père, qui était lui-même un militant du mouvement coopératif devenu gérant de la Caisse populaire de Chateauguay. Son père l'avait emmené à une soirée animée par René Chaloult, propagandiste de la nationalisation de l'électricité, et Falardeau raconte que « cela l'avait scié en deux. » Instruit par les tenants du nationalisme économique, Falardeau aborde donc la question nationale du point de vue des déclassés et des exploités du système colonial. La sensibilité populaire face à l'exclusion et l'aliénation nationale, il s'en empare et la transforme assez tôt en pratique révolutionnaire. La patience de Lionel Groulx fait place bientôt à l'impatience du RIN et du Front de libération du Québec et rencontre l'adolescence en ébullition du jeune Falardeau, pensionnaire au Collège de Montréal avec son nouvel ami Julien Poulin.

Cette époque est marquée par l'émergence mondiale des mouvements de décolonisation. Aimé Césaire, Frantz Fanon, Albert Memmi, lui apprennent la notion de colonisé, les pratiques d'asservissement. La guerre d'Algérie et la guerre du Vietnam lui enseignent ce qu'il lui restait à apprendre. Sous des vernis démocratiques, la situation du Québec est une situation coloniale au sens classique du terme. Toute sa vie, Falardeau creusera l'histoire de son peuple sous l'angle de ce rapport de domination avec un empire. Sa lutte ne sera jamais une lutte constitutionnelle mais une déclaration de guerre à l'impérialisme. De là, sa sympathie pour la révolution cubaine, l'indépendance algérienne, la lutte de libération du Vietnam et finalement la résistance palestinienne.

Il se reconnaissait facilement dans le militant de la lutte armée. Il savait tout de Guevara, du général Giap mais surtout de la résistance française. Un de ses livres favoris était *Hommage à la Catalogne,* de George Orwell, qui racontait l'engagement de l'écrivain au côté des forces républicaines résistant aux fascistes du général Franco. Plusieurs fois, il dira avoir regretté de n'avoir pas été recruté par le Front de libération du Québec. Il ne les connaissait pas de près, telle en était la cause, uniquement. En 1981, il se reprendra, fera la connaissance de Francis Simard qu'il visita en prison. Ce sera le début d'une persistante amitié et d'une collaboration artistique. À l'instigation de Pierre, Francis écrira *Pour en finir avec Octobre.* Ce livre deviendra la base du film *Octobre.* Il faudra dix ans à Pierre Falardeau pour réussir à financer ce film qui sera combattu par les milieux fédéralistes sans que personne au Québec ne lève le petit doigt pour dénoncer la censure. Auparavant, Falardeau, grâce toujours aux lumières de Francis Simard, aura réussi à faire *Le Party,* aujourd'hui un classique des films sur la prison.

Toute cette époque de l'inspiration des luttes anticoloniales l'amène à de solides réflexions sur le militantisme québécois. Quand des gens reprochent l'apathie des politiciens, il rétorque souvent : « Mais toi, qu'est-ce que tu fais? » Il dénonçait autant la fuite des intellectuels, des artistes, des journalistes. Pour lui, la lutte, c'était tous les jours. Et tous les jours, il fallait faire des gestes pour l'indépendance. Petits ou grands. Si on ne pouvait faire des films ou des livres, fallait faire des graffitis.

C'est ainsi qu'en 1980, il avait organisé des commandos de graffiteurs qui faisaient toutes les stations de métro pour porter le message du camp du Oui. Quelques années plus tard, après un jugement négatif de la Cour suprême sur la loi 101, il est invité à monter sur la tribune du Centre Paul-Sauvé et livre un discours mémorable où il remporte un vif succès en lançant à propos des juges : « Qu'ils aillent se torcher avec leur perruque. » Mais pendant que les autres tribuns rentrent chez eux et vaquent à leurs affaires, lui, il organise de nouveaux commandos de graffiteurs. Cette fois, ça tourne mal. Il est arrêté et tabassé toute une nuit de temps, les policiers croyant avoir affaire à un nouveau FLQ dont il était le chef. Pierre gardera par la suite un problème de vision permanent dû à un coup de matraque sur l'arcade sourcilière.

Comme j'étais arrêté en même temps que lui, je peux témoigner du côté éprouvant de cette arrestation et de ce passage à tabac qui a duré des heures. Politiquement, nous n'avons pu profiter de cette excellente tribune qu'a pu être notre passage en cour, car nous avions orchestré une campagne de graffitis en deux temps. Le premier soir, fallait écrire des insultes à l'endroit des Québécois et de la loi 101 comme si nous étions des anglophones et l'idée, c'était de revenir un deuxième soir pour barrer les slogans anglophones et défendre la loi 101. Malheureusement, nous avons été arrêtés le premier soir et ne pouvions publiquement défendre le contenu de nos graffitis, ni nous en prendre au traitement policier, car notre cause était par trop bizarre.

Ce qu'il faut retenir de cet épisode, c'est que pour Falardeau, il n'y avait pas de trêve, ni de temps mort. Comme il y avait beaucoup de manifestations à l'époque, il avait décidé avec son ami Poulin de se faire une immense banderole aux couleurs du drapeau patriote qu'ils brandiraient à deux dans toutes les manifs où ils iraient. Dessus, c'était écrit : « Rien n'est plus précieux que la liberté et l'indépendance. » C'était une citation de Ho Chi Minh dans une adresse au peuple vietnamien. Falardeau avait décidé que c'était maintenant une citation québécoise. D'ailleurs, pour lui, tout ce qui était révolutionnaire était québécois. Invité plusieurs fois à des soirées chiliennes pour lire des poèmes de Pablo Neruda, il disait que Neruda était québécois. Il disait la même chose de Mikis Théodorakis, le compositeur grec connu pour sa résistance à la dictature des colonels. Il finira d'ailleurs par rencontrer Théodorakis lors d'un de ses voyages à Montréal. Anecdote : Théodorakis lui confiera être déçu de la tournure de sa vie. Il n'y avait plus de place pour l'idéal car les gens ne voulaient plus changer le système politique, ils étaient heureux semble-t-il. Falardeau lui dit alors que nous, il nous restait à faire l'indépendance et que la lutte nationale était encore une lutte présente. Théodorakis lui dit alors : « Quelle chance, vous êtes donc malheureux. »

L'anecdote mériterait d'être expliquée, mais ce qui importe, c'est simplement de montrer que la résistance était de tous les instants, de toutes les attitudes et amplitudes. Pour lui, un petit film, c'était la guérilla, un long métrage, c'était l'artillerie lourde.

Après le film *Le Party*, il y a eu un moment où il se consacrait à *Octobre* et il est resté longtemps sans tourner. C'est alors qu'il a monté *Le Temps des Bouffons*, son œuvre la plus mythique car réellement clandestine. L'ONF, qui avait décidé de l'aider à monter le film, recule en voyant le montage final. Des amis de l'intérieur l'aident à sortir les copies et il décide d'en faire des copies vidéo qu'il ira vendre dans les tavernes. À la suite d'un article de Franco Nuovo, c'est devenu un objet recherché. Il y a eu des journées où les gens faisaient la queue dans son escalier du logement de la rue Panet pour attendre des copies qui devaient arriver à telle heure. Parfois donc, sa guérilla prenait des allures de grandes offensives.

Toujours dans le domaine de la guérilla, il y a eu un épisode vers la même époque où, à la suite d'un nouveau jugement de la Cour Suprême, Robert Bourassa décide de réintroduire le bilinguisme dans l'affichage commercial. Un petit groupe dont il fait partie décide de faire une manifestation à toutes les semaines, même jour, même heure, devant la tour de Radio-Canada. C'est alors que sa banderole a repris du galon. Tous les mercredis, il la ressortait et venait la déployer sur le parterre de Radio-Canada en faisant klaxonner les camionneurs qui le reconnaissaient. C'était une période assez dure économiquement, celle où le cinéaste Jean-Claude Lauzon arrivait parfois avec une épicerie qu'il livrait lui-même chez Falardeau pour nourrir la petite famille. Cette modeste manifestation, au gré des saisons, allait en s'essoufflant et le nombre de participants devenait de plus en plus symbolique. Mais lui, il l'a fait durer un an, sans sauter une seule journée. Au plus fort de l'hiver, il pouvait faire moins 30 degrés et, si les autres restaient chez eux, vaincus par le froid, lui il y allait avec son groupe d'irréductibles réduits à quatre manifestants mais qui, comme lui, s'installaient dans la durée. Au bout d'un an, cette vigile s'est terminée pour le motif qu'enfin il allait plonger dans son film *Octobre*.

Il n'y avait donc pas de journée sans combat. Il y avait toujours une parole à dire, une réflexion à faire, une conscience à construire.

Il y avait ce feu qui couvait, mais il importe aussi de dire que l'époque des années 70 avait permis l'éclosion de cette puissance créatrice et révolutionnaire. Falardeau le loup avait fini par rencontrer sa meute. Il y eut *Speak white* et la *Nuit de la poésie* où Miron se révèle comme notre grande conscience nationale. Par son intelligence, Michel Chartrand faisait encore le délice des foules et nous abreuvait de révolte, tout comme Pierre Bourgault et André d'Allemagne. C'est le peuple, c'est la révolution qui ont ouvert la cage de l'intellectuel militant.

À 30 ans, Falardeau était déjà cet observateur sensible de la condition humaine. Quand je l'ai connu, il arrivait d'un voyage en Algérie où il tourna *À force de courage*, un documentaire sur une commune agricole qui reprenait pour des dizaines de familles l'exploitation d'un domaine appartenant jusqu'à l'indépendance à un colon français. Lors de ce voyage, il rencontra des révolutionnaires du Tchad, de l'Afrique du Sud. Plus tard, il ira au Pays basque, en Corse, au Mexique, au Brésil, à Cuba. Mais aussi, il développe un projet avec les Inuits du Nord et découvre une autre forme de colonialisme, le nôtre. Mais pour lui, cela ne nous retranche pas d'avoir à faire notre propre combat qui s'inscrit dans une trame planétaire. C'est l'époque où Falardeau découvre Siqueiros et la peinture muraliste mexicaine. Un art révolutionnaire, mais sans les conventions du réalisme socialiste. Un art explosif qui rejoint à la fois la conscience révolutionnaire des masses et la mise au pouvoir de la créativité la plus libre et la plus éloquente.

Peu après son premier court métrage *Elvis Gratton*, il arrivera à fusionner tous ces courants dans une œuvre coup de poing, *Speak White*, d'après le poème de Michèle Lalonde. Simple montage de photos qu'il réalise avec son vieux compagnon Julien Poulin, cette œuvre forte par l'évocation la plus incantatoire devient, d'après moi, la pierre d'assise de toute son œuvre à venir. Le combat pour la Liberté c'est aussi un combat contre l'exploitation.

ah!
speak white
big deal
mais pour vous dire
l'éternité d'un jour de grève
pour raconter une vie de peuple-concierge
mais pour rentrer chez nous le soir
à l'heure où le soleil vient crever au dessus des ruelles
mais pour vous dire oui que le soleil se couche oui
chaque jour de nos vies à l'est de vos empires
rien ne vaut une langue à jurons
notre parlure pas très propre
tachée de cambouis et d'huile

C'est aussi l'époque de *L'Homme rapaillé*, du poète Gaston Miron. Ce livre, Falardeau le relira régulièrement tout le long de sa vie. C'était plus qu'un livre de chevet, c'était une intrusion dans le monde partagé de la douleur. Falardeau reconnaissait sa souffrance dans la plainte de Miron. C'était la même assurément, née de la condition commune et radicalement ressentie comme une atteinte à l'être. Du porteur d'eau jusqu'à l'homme d'aujourd'hui, du vaincu, du proscrit, du mis à gage jusqu'à aujourd'hui, du dépossédé jusqu'à l'homme d'aujourd'hui, il n'y a pas de rupture. Dans son film *Octobre*, Falardeau fera lire à Luc Picard des extraits du poème *L'Octobre*.

[…] voici mes genoux que les hommes nous pardonnent
nous avons laissé humilier l'intelligence des pères
nous avons laissé la lumière du verbe s'avilir
jusqu'à la honte et au mépris de soi dans nos frères
nous n'avons pas su lier nos racines de souffrance
à la douleur universelle dans chaque homme ravalé [...]

Gaston Miron est devenu son ami, comme Gilles Groulx, comme Pierre Perrault. Falardeau se nourrissait de ces intellectuels de la québécitude. Mais la réflexion de Falardeau prit un jour une tournure qui pouvait déconcerter dans le discours contre l'aliénation. C'est la naissance d'*Elvis Gratton*.

Du Pierre Perrault d'*Un pays sans bon sens*, à un Pierre Falardeau d'*Elvis Gratton*, il y a une distance telle que la filiation s'avère soudain difficile à cerner. Et pourtant Falardeau la revendique. Falardeau a toutefois franchi une ligne que n'avaient pas franchie ces cinéastes, celle de la dénonciation du pouvoir. Il le fait à travers la caricature d'un homme d'affaire libéral, un mononcle comme on en retrouve dans toutes les familles québécoises. Pour lui, le rire est une arme, il faut s'en servir, c'est tout. Comme plus tard, il décidera de se servir de sa propre notoriété ou du caractère incisif du pamphlet. Dans *Elvis Gratton*, il se bat encore et toujours. Plus il rit, plus il se bat. Illustrer la liberté ne suffit pas. Il faut montrer son contraire, la bêtise créée par les appareils d'asservissement. Mais il y aura aussi dans cette aventure l'amour des formes populaires héritées du burlesque. Dans sa bataille contre l'aliénation, Falardeau réinventera donc le comique politique.

Elvis Gratton naît peu après le référendum de 1980. Il se divisera en deux fois trois films. Premier cycle, trois courts métrages qu'il assemblera pour un long métrage. Deuxième cycle, trois longs métrages portant sur trois dimensions de l'aliénation. Cette intrusion dans le monde du burlesque sera la partie de son œuvre la plus critiquée. D'aucuns d'ailleurs refusant d'y voir une œuvre, l'assimilant plutôt à des nécessités alimentaires. Pierre Falardeau défendra cette œuvre au même titre que les autres, la situant au même niveau que ses films les plus dramatiques. Il s'en expliquera abondamment dans un livre que nous avons fait ensemble, *Le Monde selon Elvis Gratton*[3], paru aux Éditions du Québécois.

A posteriori, on se rend compte que la démarche Gratton aboutit à l'étude des mécaniques du pouvoir. Dans *Gratton I*, Falardeau-Poulin nous montrent un sans-grade, un simple caporal au service du système. Acculturé, dénationalisé dans une identité multiple construite sur la fascination du *star-system* américain, ce sous-fifre est un dangereux supporteur du régime impérial, à la limite de la tentation fasciste. Contre certaines apparences, *Elvis Gratton II* et *III* ne sont pas la répétition du premier. Dans son deuxième film, Falardeau explore le monde de la pub et du *star-system*. Elvis n'est plus un petit rouage, il participe lui-même à la fabrication du pouvoir. Il se sert de la fascination médiatique comme d'un outil de domestication des masses. Hyper-vedette mondiale, Elvis Gratton accélère le processus d'acculturation de son propre peuple, le rendant réceptif au discours impérialiste. Dans *Elvis Gratton III*, Falardeau va plus loin. Elvis a atteint le sommet du pouvoir grâce au contrôle du plus puissant outil de désinformation, la télévision. Le résultat de ce processus de dépossession mentale se retrouve singulièrement inscrit dans la finale de son premier film d'une demi-heure. Il s'agit de la scène où la caméra reprend un traveling effectué dans la première séquence du film où cette fois tous les personnages portent le même masque d'Elvis. Le générique renchérit en donnant le même prénom Elvis à tous les collaborateurs du film. Le message est clair. Nous sommes tous atteints à un degré ou l'autre de l'altération de notre identité. « Nos barreaux sont dans nos têtes », dira Falardeau dans plusieurs de ses interventions.

Malgré le fort degré de signification du cycle Elvis Gratton, il reste que c'est la partie de son œuvre la plus critiquée et pour ainsi dire rejetée par toute une classe d'intellectuels et de journalistes très en vue. Le succès populaire n'atténue pas chez Falardeau cette blessure ressentie par le rejet de ses films comiques. Dans *Le Monde selon Elvis Gratton*, il s'en ouvre abondamment. Il a profondément sur le cœur les commentaires assassins qui le clouent au pilori. Il finira par se dire : « Mais c'est parce que je touche quelque chose. » Même pour un boxeur habitué comme lui à recevoir des coups, ça fait très mal de voir ses films classés parmi les navets dans les évaluations du *TVHebdo* et autres rubriques de cinéma. Il avait certainement, oui, touché quelque chose.

De tout cela, il ressort que pour lui la culture est donc au cœur de la lutte politique. Elle participe du degré de conscience ou d'élévation que requiert l'exigence du combat. En voulant illustrer la liberté et son contraire l'aliénation, Falardeau voulait d'abord inviter au combat.

Mais en dehors de l'invitation au combat, il restait le combat lui-même. Chaque film a été une dure bataille contre des armées de fonctionnaires. Comme Falardeau ne tournait pas de pub et rarement de clips vidéos, il vivait assez modestement comparé aux autres cinéastes québécois. Ses premiers films, y compris *Gratton I*, ne lui avaient pas rapporté beaucoup d'argent, car pour financer les films, il fallait rogner sur le salaire du réalisateur. Le plus souvent, c'est une conférence dans un cégep qui lui permettait de remplir le frigidaire ou de payer le loyer. Il n'a jamais eu de voiture neuve et en était en plus assez fier. Quand on s'est mis à l'inviter à des émissions de variétés, il disait simplement : « Si ça paie, j'y vais. » Quand il a gagné le Prix Molson du meilleur film québécois pour *Octobre*, il était drôlement coincé. Il aurait voulu refuser le prix, mais sa blonde venait d'accoucher et il avait vraiment besoin d'argent. Il décide donc d'aller chercher le prix au montant de 5 000 $, tout en faisant un discours le soir même pour dénoncer l'empire Molson et son rôle dans l'asservissement des Québécois. On le lui a reproché, mais, en même temps, non seulement fallait-il manger, mais aussi quelle merveilleuse tribune pour faire un coup d'éclat politique. Car la lutte, toujours, reste présente.

Il faut avoir à l'esprit ces préoccupations économiques et ce tiraillement incessant pour comprendre le souci que lui causaient tous ces empêchements de tourner. « La liberté avait ce prix », disait-il parfois. Quand Téléfilm Canada lui refuse le financement pour *15 février 1839*, il relève le gant à nouveau. Il va se battre mais, cette fois, il aura acquis assez de notoriété pour pouvoir mener une véritable campagne politique autour d'un projet de film refusé par une institution fédérale. Il fera d'abord publier le scénario pour faire connaître au public ce que les institutions fédérales choisissent de censurer. Presque aussitôt un comité se forme, une première soirée de solidarité avec Dan Bigras et des artistes de la relève a lieu dans un café de la rue Mont-Royal. Peu longtemps après, c'est le Spectrum avec Gilles Vigneault, Éric Lapointe, etc. Puis des « marches, des soirées politiques, des apparitions télé. L'aventure aura duré deux ans, mais le résultat est atteint. Le film pourra se faire avec l'argent des institutions québécoises et du fonds recueilli par souscription populaire. Des milliers de donateurs ont rendu la chose possible. Dans les annales du cinéma québécois, ce simple fait devrait suffire à classer à part ce film né si l'on peut dire d'un mouvement du peuple. Et de ce mouvement naîtra autre chose. Le film *15 février 1839* a une telle résonance qu'il crée à nouveau la mémoire des événements. Pendant des années, des jeunes de toutes les régions du Québec referont le 15 février des événements à la mémoire de Chevalier de Lorimier et de ses compagnons. Avec ce film, on sent qu'apparaît une nouvelle génération politique différente de toutes les autres, prête, on dirait bien, à accepter cette vision de Falardeau d'un combat pour la vie ou pour la mort.

Au référendum de 1995, Falardeau avait produit un film d'une minute pour un collectif intitulé *1837 secondes pour l'indépendance*. Il concluait ce film en disant : « nous sommes tous responsables. » Les funérailles de Pierre Falardeau à l'église Saint-Jean Baptiste montrent qu'il a été entendu. Pour ceux qui l'ont écouté et compris, le combat québécois a pris une nouvelle dimension. Il cesse d'être une option pour devenir une lutte à finir. Il suffit d'un carré d'irréductibles pour que ne cesse jamais le combat. En ne cessant pas, on se donne la seule chance de vaincre. De là, sa fameuse lettre à Jérémie lorsqu'il explique à son fils qu'il se bat, qu'il se bat!

L'homme libre est peut-être nécessairement un combattant.

Il reste aussi une autre facette de Falardeau à éclairer. Depuis le début de ce court essai, j'évoque l'image du loup. Cette image qui me vient, il la validait souvent en disant de lui : « Je suis un primitif. » Quand on parle d'aliénation, il ne faut pas considérer uniquement le monde des idées, mais aussi celui de la vie, simplement. L'homme moderne ne cultive plus son blé ni ne fait son pain ni même ne construit sa propre culture. Il consomme ce que le monde industriel produit pour lui. Pierre Perrault avait déjà exploré toute la perte de sens qui découle de cette désappropriation des gestes nourriciers. Sans faire de film là-dessus, Falardeau a par contre, dans sa vie, cherché à se rapprocher de cette culture ancestrale. C'est pourquoi il donnait tant d'importance à sa maison de campagne dans les Cantons de l'Est : là, il pouvait préparer lui-même son bois de chauffage, restaurer sa maison, partir à la chasse. Chaque année, il allait chercher son chevreuil. Mais pour être encore plus près du geste primitif, il chassait à l'arc. Son rapport avec le monde animal était assez près de celui des Amérindiens. Il n'avait aucun intérêt pour les animaux domestiques; pour lui, la bête sauvage méritait tout son respect. L'homme doit son existence à ces manifestations diverses du monde animal duquel il fait partie. Pour cela, le chasseur a droit à une place à part. Il échappe à la décadence du monde aseptisé des grandes villes modernes.

Comme son ami le cinéaste Bernard Gosselin, Falardeau aimait les gars de bois, les pêcheurs, tous ceux qui pouvaient comprendre le sens originel de la vie. Pour lui, c'était pas niaiseux de s'intéresser à la cuisine du terroir, à la fabrication des raquettes, à tout ce qui finalement avait fait la civilisation québécoise qui était probablement la civilisation tout court, la civilisation paysanne. Pasolini, dans ses *Écrits corsaires*, déplore ce formidable processus d'acculturation qu'a été la disparition du monde paysan. C'est pour cela que Falardeau haïssait la banlieue qui avait détruit les villages et les champs. Par contre, il aimait retrouver des traces de cette civilisation dans le parler populaire des gens de Saint-Henri et de Maisonneuve. Il retrouvait chez eux des éléments communs aux pêcheurs des Îles de la Madeleine, aux mineurs de l'Abitibi. Ils avaient gardé un trésor : la langue du peuple. Il adorait découvrir de vieilles expressions ou des formules sauvegardées d'un lointain passé. Falardeau était donc plus qu'un primitif, c'était un ancien.

De tout ce qui a fait Falardeau, il reste à brosser de multiples tableaux. Mais ce serait s'éloigner de sa manière qui était de cultiver la simplicité. En évoquant le combattant, je crois bien toutefois avoir commencé par le commencement. Tout se rattache à cette émergence d'une conscience clamant haut et fort : « Rien n'est plus précieux que la liberté et l'indépendance. » Il était grand! C'est à redire souvent. À part son œuvre artistique, il a légué aux Québécois quelque chose d'encore plus fort : une œuvre politique. Et même mieux, il a éduqué toute une nouvelle génération d'indépendantistes et donné une immense profondeur au combat national. Avertissant que la lutte serait dure et longue, il a malgré tout été suivi. Entre les têtes grises du Parti Québécois et les jeunes cégépiens d'aujourd'hui, il manque une génération militante à qui personne n'avait parlé et que personne n'avait convoquée au combat national. Il a mis fin à cela. Aujourd'hui, émerge une cohorte révolutionnaire solidement imprégnée de la pensée transmise par Pierre Falardeau. Loin de la juger dépassée, elle pose la question sur une base fondamentale. « Nous sommes une nation conquise et annexée, a-t-il dit souvent, et ça n'a pas changé. » Tant que l'indépendance ne se fait pas, c'est la mort qui gagne du terrain. Il aura dit souvent dans ses conférences : « Dans le monde où nous vivons, seuls les peuples qui se donnent un État ont une chance de survivre, les autres sont condamnés à disparaître. » L'Histoire lui donne raison. De là son constant pessimisme, mais jamais cela ne lui a enlevé son courage.

La dernière fois que nous nous sommes vus c'était en mai 2009, à une manifestation pour l'indépendance organisée par un collectif de jeunes sans affiliation politique. Le départ avait eu lieu au parc Lafontaine et s'était terminé Place du Canada. Son fils Jérémie était monté sur la tribune et avait lu la fameuse lettre de Falardeau : « Lettre à Jérémie ». C'était extrêmement touchant. Je crois bien qu'il se sentait heureux. Il avait confiance que ce peuple allait reprendre la vieille bataille. Après, je ne l'ai plus revu. Les derniers mois de sa maladie, il refusait de voir ses amis. Trois semaines avant sa mort, il m'appelle pour m'expliquer son attitude. C'était en même temps un adieu. Puis sont venus les jours de chagrin et de recueillement. Sa mort a créé un immense désarroi chez une certaine jeunesse. J'ai depuis entendu plein de témoignages de gens qui ne l'avaient jamais connu mais qui ont fondu en larmes en apprenant sa mort. Il était une voix! Le silence ne lui sied guère. Heureusement, elle nous parle encore. C'est à nous maintenant de bien l'entendre.

René Boulanger

[1]Ce portrait du militant Pierre Falardeau ne peut malheureusement être chronologique comme je l'aurais souhaité. Pour se retrouver dans son parcours cinématographique et littéraire, je vous invite à consulter le site officiel sur Pierre Falardeau qui recense l'ensemble de son œuvre.

[2]*Les bœufs sont lents mais la terre est patiente*, VLB, coll. « Partis pris actuels », Montréal, 1999.

[3]BOULANGER, R. et FALARDEAU, P., *Le Monde selon Elvis Gratton*, Éditions du Québécois, 2009.

L'auteur est réalisateur et critique de cinéma. Texte également paru dans le numéro spécial du Bulletin d'histoire politique *sur le cinéma politique de Falardeau.*

Les Gratton 1, 2 et 3 : documentaires « sous-réalistes » du Québec post-référendaire

« Miracle à Memphis, c'est du documentaire comique.
Pendant le tournage, Serge Beauchemin, le preneur
de son, disait qu'on faisait du documentaire surréaliste.
À surréaliste, je préfère le terme "sous-réalisme". Pour
moi, Gratton c'est du documentaire "sous-réaliste". On a
beau se creuser la tête, inventer les pires imbécilités, créer
de toutes pièces les pires bêtises, on s'aperçoit au bout
du compte que le réel finit toujours par vous rattraper.
On est toujours en dessous de la réalité… »
– Pierre Falardeau
préface au scénario du film *Elvis Gratton II :
Miracle à Memphis*, Montréal, Stanké, 1999

À la mort de Pierre Falardeau, presque tous les hommages qui lui furent consacrés – aussi bien ceux, sincères et sentis, des amis et admirateurs de longue date, que ceux, stratégiques et affectés, des ennemis de toujours – soulignaient l'importance des drames historiques du cinéaste, minimisant souvent, parfois au point de ne pas les mentionner, les trois longs métrages que l'auteur consacra aux aventures d'Elvis Gratton, sa création la plus mémorable mais aussi la plus controversée, aussi populaire qu'honnie, capable d'unir dans un même silence embarrassé plusieurs de ses fans et défenseurs habituels, gênés par la seule évocation de ces films « vulgaires » et « grossiers », qui restent parmi les plus mal reçus et les plus incompris de l'histoire du cinéma québécois.

Pourtant, ceux qui connaissaient le cinéaste savent bien que ces films avaient autant d'importance pour lui que les autres, qu'il s'y exprimait autant (sinon plus et sans doute plus librement), et qu'avec sa trilogie du combat (*Le Party*, *Octobre*, *15 février 1839*), cette trilogie du constat participait à une même lutte, illustrait l'autre facette d'un même Québec, hésitant entre liberté et asservissement, que Falardeau se plaisait à filmer, autant dans ses rares sursauts révolutionnaires (la révolte des Patriotes, un party de prisonniers, la crise d'Octobre 70) que dans le somnambulisme permanent de sa résignation quotidienne (qui est évidemment le véritable sujet des trois *Gratton*).

Le fait que ces trois films aient fait l'objet d'éreintements presque sans précédent, quasi parodiques, et aient été décrits par tant de critiques comme « insignifiants », est à la fois troublant et révélateur, car on aurait bien du mal à trouver dans le cinéma québécois des trente dernières années un autre film (comique ou non) qui ait osé examiner une seule des questions importantes que ces trois œuvres abordent de front.

Quel autre film, en effet, a osé s'attaquer aux partenariats public-privé et à la privatisation outrancière de l'espace public, au placement de produits et à l'information spectacle, à la synergie et la convergence des empires médiatiques, sans oublier, bien sûr, le légendaire flou identitaire des « Québéco-Canado-Français-Américains du nord français »?

Quel autre film a préfiguré le scandale des commandites et les accommodements raisonnables, dénoncé la Fondation Bronfman et le Conseil de l'unité canadienne, fustigé le contrôle politique de la télévision d'Etat mais aussi la *star-académisation* de la télé privée, ridiculisé la vague de tournage de films québécois en anglais et la participation d'artistes anciennement souverainistes à la Fête du Canada?

Quel autre film (ou téléfilm, ou série télévisée, ou même pièce de théâtre, vous pouvez élargir l'interrogation à tous les domaines que vous voudrez...) s'est attaqué au travail des faiseurs d'images et au vide abyssal de nos idéologues politiques, à l'aliénation de la petite bourgeoisie médiatique et des faiseurs d'opinion, aux politiques d'acculturation et au multiculturalisme trudeauiste, au culte des entrepreneurs vedettes et du Québec triomphant à Las Vegas?

Personnellement, je n'en vois que trois ou quatre qui aient même osé évoquer brièvement un seul de ces sujets pourtant incontournables[1].

Or, quand on pense à l'omniprésence de ces phénomènes dans nos vies, et lorsqu'on réalise leur absence presque totale des œuvres qui sont censées réfléchir sur notre culture et notre époque, on commence à réaliser ce que les *Gratton* ont d'unique et de précieux, ce en quoi ils se démarquent d'un cinéma en fuite du réel et absent à son présent, et ce pour quoi on leur pardonnera bien des facilités et des défauts; ils représentent l'un des plus précieux portraits documentaires d'une époque qui serait, sans eux, virtuellement absente de nos écrans, la nôtre...

Bien sûr, écrire un texte comme celui-ci, c'est-à-dire une réévaluation d'une œuvre injustement méprisée, c'est évidemment courir le risque de pécher par l'excès contraire en prétendant que ces films honnis sont sans défauts, ce qui serait absurde...

Alors, admettons d'entrée de jeu l'évidence : les trois *Gratton* sont des comédies inégales et mal dégrossies, souvent grossières et décousues, où chaque gag anthologique (et il y en a des dizaines) est accompagné de deux autres qui ratent complètement leur cible.

« Et après? », serait-on tenté d'ajouter? La critique salue régulièrement des comédies impersonnelles qui ne sont guère mieux construites et beaucoup moins importantes. Car au-delà de leurs vertus comiques (bien réelles mais inégales et donc discutables), les *Gratton* sont les seuls films à avoir examiné de front et sur la durée, l'esprit et la réalité politique du Québec post-référendaire; ce vaste *no man's land* historique de résignation et de renoncement à travers lequel Gratton se promène tantôt en exploité, tantôt en exploiteur, mais toujours en collaborateur servile et inconscient d'un système dont Falardeau s'évertue à démonter les rouages.

Et si Falardcau n'arrive pas toujours à nous en faire rire, cela n'a rien d'étonnant, car ce sujet est en fait triste à pleurer. Il n'est d'ailleurs pas surprenant qu'il ait d'abord songé à l'aborder par le biais du drame...

« On ne voulait pas se déprimer et déprimer les autres... »
– Pierre Falardeau[2]

Quand Falardeau et Poulin entreprennent le premier *Elvis Gratton* (en 1981), le « King » est mort depuis quatre ans, le référendum vient d'essuyer son premier « Non » et les imitateurs d'Elvis font les beaux jours des *Tannants*. L'ensemble de la classe artistique (qui a largement milité pour le « Oui ») est encore sous le choc de l'échec référendaire et peu oseront l'aborder, dans leur oeuvre ou en public, au fil des années subséquentes (avec le résultat que cette période pourtant marquante de notre histoire est presque complètement absente de nos arts). Pourtant, au lendemain de cet échec, Falardeau et Poulin, cinéastes issus du documentaire et du cinéma militant, projettent de le traiter en passant à la fiction, via l'histoire (qu'ils imaginent alors dramatique) d'un gardien de sécurité aux airs de fasciste ordinaire, qui, le soir, s'éclate en jouant les imitateurs d'Elvis.

Au fil de leur collaboration, leur gardien de sécurité se transforme en propriétaire de garage, le drame psychologique se mue en comédie populaire et Robert « Bob » Gratton devient le symbole par excellence du Québécois « colonisé à l'os » (cerné avec une acuité qui nous rappelle que Falardeau se destinait d'abord à l'ethnologie) : un partisan du « Non », qui possède un « gros garage » et un *fuck truck*, milite pour le Parti libéral et siège à la Chambre de commerce, et caresse le rêve « amaricain » tout en trafiquant avec les petites autorités locales.

La cible est grosse et suffisamment éloignée des élites médiatiques pour que la presse la reconnaisse et en rie (ce qui ne sera plus jamais le cas par la suite). Elvis Gratton est un gros quétaine dans lequel tout le monde reconnaît un autre, une cible facile et lointaine dont on peut rire sans se sentir menacé...

Mais le tir du tandem se resserre dès le second court métrage, où Gratton et sa bien-aimée Linda partent en vacances à Santa Banana, le temps d'y bronzer en écoutant quelques matchs des Expos, de subir les éructations d'un *preacher* américain et d'adhérer aux discours fascistes du dictateur Augusto Ricochet (auquel il est permis de trouver une certaine ressemblance avec Jean Chrétien). *Les Vacances d'Elvis Gratton* (1983) dépeint le touriste québécois dans toute son horreur et prouve qu'on ne peut sortir le colonisé du gars, même quand on sort le gars de la colonie. Surtout lorsqu'on quitte une république de bananes pour revenir dans une autre – une idée soulignée par la réapparition finale d'Augusto Ricochet dans un uniforme de la Gendarmerie royale, alors qu'il attend Bob et Linda à leur retour au Québec.

Si le premier court métrage examinait Gratton à travers son quotidien de colonisé, et si le second l'envoyait en vacances se confronter à la misère d'autres colonisés, *Pas encore Elvis Gratton!*, le dernier des trois volets appelés à former *Elvis Gratton : le King des Kings* (1985), plonge le gros Bob dans une sorte de microcosme du Canada virtuel rêvé par Pierre Elliot Trudeau : une gigantesque garden-party organisée autour d'une piscine rouge, où Gratton et les élites locales (chef de la chambre de commerce, directeur de commission scolaire, curé et petits patrons divers...) célèbrent Noël le temps d'un « réveillon tropical Québec-Hawaï », où le bon maire joue les Pères Noël dans une fête du commerce multiculturelle, où les décorations hawaïennes et la musique tyrolienne côtoient le « ragoût de pattes de homard » et la « dinde Kon-Tiki ».

La laideur recherchée et sous-réaliste qui traversera désormais la série est ici pleinement assumée pour la première fois dans un film d'une hideur non seulement justifiée mais voulue, qui incarne la confusion identitaire d'une culture en forme de melting-pot, où tous les excès sont permis. Robert « Bob » Gratton meurt d'ailleurs officiellement au lendemain de cette fête, engoncé dans son costume trop serré (comme s'il était littéralement mort d'avoir voulu entrer dans la peau d'un autre), mais ressuscite presque aussitôt, le jour de son enterrement! « Peuple à genoux », proclame la fin du film, « attends ta délivrance ».

Mais le Québec découvrira bientôt pour une seconde fois que la ·délivrance ne s'attend pas à genoux...

> « Une chose qui m'a bien découragé, c'est quand j'ai appris qu'Elvis Gratton était le film fétiche de Jean Charest! Pendant sa campagne électorale, on m'appelle chez moi et on me dit que l'équipe Charest, réunie pour une assemblée de jeunes, aimerait bien que je donne un coup de fil en direct. Je me disais que ça n'avait pas de sens que quelqu'un comme lui n'ait rien compris à ce point-là! Alors, dans le dernier *Gratton*, je tenais à ce que le propos soit clair. »
> – Julien Poulin[3]

> « Think Big! »
> Slogan promotionnel d'*Elvis Gratton II : Miracle à Memphis*, qui deviendra peu après celui du Reform Party et le titre de la biographie de son chef, Preston Manning

Quand Falardeau et Poulin s'attaquent à *Elvis Gratton II : Miracle à Memphis* (en 1999) le « King » est mort depuis plus de vingt ans, le référendum a essuyé son second « Non », et Elvis Story remplit le Capitole de Québec depuis près de quatre ans. Le Québec s'est gentrifié, le multiculturalisme est au goût du jour, et les élites médiatiques célèbrent en quasi-permanence l'abandon des « vieilles valeurs » (qui sont vues comme folkloriques, dépassées, voire réactionnaires), tout en vantant les mérites d'un Québec qui vit désormais « à l'heure internationale ». Mais si le Québec croit avoir changé, Falardeau lui montre qu'il n'a guère évolué, et *Miracle à Memphis* (1999) décrit le retour de Gratton comme celui d'un Frankenstein (il réapparaît d'ailleurs branché à des machines et couvert d'électrodes) dans un Québec où il débarque comme le retour du refoulé.

Débarrassé de ses attributs « folkloriques » (son « gros garage », sa maison de Brossard et même de sa « doudoune », emportée par des extraterrestres), il ne reste plus à Gratton que Méo, son beau-frère aux marmonnements inintelligibles, qui devient ironiquement son seul interlocuteur dans un film où le « gros Bob » est adulé de tous, mais compris par personne – qu'il s'explique à des journalistes japonais, à une *playmate* américaine ou à sa limousine qui parle français avec un accent pointu.

Falardeau ratisse large et fait flèche de tout bois, optant pour une approche à mi-chemin entre les sketchs de Roméo Pérusse et l'analyse structuraliste. Son propos emprunte à Lévi-Strauss et à Chomsky, ses gags à Tati et à Ti-Zoune, et il pousse l'audace jusqu'à mettre dans la bouche de son héros une phrase célèbre de Pierre Bourdieu (« Autrefois, on faisait tourner ce qui se vendait. Maintenant, on va vendre ce qu'on fait tourner »).

Le langage est d'ailleurs si inextricablernent lié aux lois du commerce, qu'on voit une productrice québécoise suggérer de tourner nos films directement en chinois (puisqu'ils offrent un plus grand marché), tandis que Gratton – qui devient le chantre de la privatisation des hôpitaux, des écoles et même de l'oxygène – se présente à Julie Snyder comme un artiste « fluent dans les deux langues », qui « parle bilingue parfaitement sans accent » et écrit directement en franglais « pour sauver du temps ». La dévolution du langage est telle qu'on peut désormais, comme explique Gratton, « vendre n'importe quoi à n'importe qui ». Falardeau en fera d'ailleurs la preuve deux fois plutôt qu'une avec la *Milk Shake Song* qui vient conclure le *World Show* d'Elvis Gratton, une chanson qui est en fait une longue énumération de produits mise en musique, selon les instructions du cinéaste : « J'avais dit à Jean Saint-Jacques : "J'aimerais ça avoir de la musique qui ressemble à du James Brown". Y a dit : "OK. As-tu les paroles?". Mets n'importe quoi [...] Tu peux mettre n'importe quoi. Y dit : "Oui, mais n'importe quoi, n'importe quoi?" Oui, mets n'importe quoi, ostie!... Regarde la circulaire Provigo, câlice, mets la circulaire Provigo! [...] Puis y a fait une toune avec la circulaire Provigo. Cet été-là, à CKOI, la toune est quasiment devenue n° 1... ».

Dans une des dernières scènes du film, l'ex-imitateur d'Elvis signe son livre devant des milliers de fans déguisés comme lui, l'imitateur et ses copies se confondant, comme le « vrai » et le « faux » Jean Chrétien qui se croisent tout au long du film, « l'original » et sa « copie » nous étant montrés comme également faux, deux ersatz d'un même sous-produit. Gratton se trouve d'ailleurs des doubles partout (en commençant par Jean Charest, dont il dira : « Il est pareil comme moi, il pense exactement comme moi! »).

Près de la fin du second long métrage des aventures d'Elvis Gratton, Falardeau et Poulin interrompent le cours du film, le temps d'une scène en forme de mise en abîme, où nous les retrouvons dans leur salle de montage, échangeant sur leur création (qu'ils décrivent comme « un monstre ») et la fin de leur film (qu'ils avouent être problématique). Après une longue discussion où ils évoquent Goya, Chaplin, le référendum et leur envie carnassière de « payer une traite aux spectateurs », Falardeau nous ramène à l'action et clôt son film sur une pirouette dérisoire (une *joke* d'échelle et de pantalons tombants), qui creuse le malaise et souligne bien la difficulté de trouver un dénouement à une histoire qui cherche encore (comme celle du Québec) son sens et sa conclusion.

Il la trouvera cinq ans plus tard, en creusant une métaphore aussi inattendue qu'inévitable...

> « La convergence c'est comme une pompe à marde.
> Tu pars la pompe, pis après, ça marche tout seul. Tant
> qu'y a d'la marde à pomper, ostie, ça pompe! »
> – Robert « Bob » Gratton
> *Elvis Gratton XXX : La Vengeance d'Elvis Wong*

Quand Falardeau et Poulin s'attaquent à *Elvis Gratton XXX : La Vengeance d'Elvis Wong* (2004), le « King » est mort depuis près de 30 ans, personne ne parle plus de référendum, et Robert « Bob » Gratton compte autant d'imitateurs qu'Elvis Presley. Le chef des nouvelles de Radio-Canada décide de mettre fin à l'enquête de Norman Lester sur *Les Minutes du patrimoine* de Robert-Guy Scully et de la Fondation Charles R. Bronfman, Paul Martin met sur pied la Commission Gomery, et l'actualité québécoise a, de synergies en privatisations, rattrapé le cauchemar prophétisé par *Miracle à Memphis*...

Gratton XXX s'ouvre donc sur une scène qui donne le ton de l'ensemble : Jean Chrétien appelant Bob Gratton, entre-temps devenu propriétaire d'un service de nettoyage appelé Télé-Égoûts, pour lui proposer d'acheter à rabais Radio-Cadenas et *La Presse*. « La télé et les égoûts, c'est la même chose », explique Chrétien, « c'est tout ce qui nous unit d'un océan à l'autre ».

Le protéiforme Gratton devient donc l'apprenti sorcier d'un pouvoir que Falardeau démétaphorise morceau par morceau – les institutions et les gens qui étaient parfois évoqués indirectement ou par l'entremise d'homonymes sont d'ailleurs cités cette fois nommément : Paul Desrnarais et Power Corporation, les milliardaires « Izzy » Asper et Conrad Black, les éditorialistes Mario Roy et André Pratte, la « grosse Sheila Copps » et « l'ancien gars du Canal 10 à *Enjeux* ». Un directeur de l'information (qui explique que Radio-Cadenas « ne fait pas de l'information, mais de la formation ») s'appelle Alain Dubuc, et un télé-roman pancanadien dont le décor est tapissé mur à mur de feuilles d'érable nous est présenté comme étant l'œuvre de John Saul et de Jacques Godbout. Pire : les journalistes sont des clowns qui se présentent habillés comme tels en conférence de presse, ou, selon l'occasion, des chiens savants promenés en laisse par les directeurs de l'information. Quant aux nouvelles, elles sont désormais communiquées par un jeu questionnaire à mi-chemin entre *Le Téléjournal* et *La Fureur*, baptisé *Le Téléjournal Molson-La Presse*. Le tout, au fil d'un film où les chaînes de télévision, les égouts et les « contenus» qu'ils déversent explosent littéralement à l'écran dans une finale où la ville est littéralement submergée par la merde.

Quelques années plus tard, Falardeau commentera ainsi la justesse de cette métaphore controversée en ces termes : « Dans le réel, t'as les frères Rémillard qui ont fait fortune dans les vidanges et qui achètent TQS, un poste de vidanges... Et on m'accuse après ça de charrier! »[4]. De charrier et pire encore, puisque le film recevra probablement les plus mauvaises critiques de l'année et certaines des pires de tous les temps.

La critique québécoise pardonne pourtant bien des choses à son cinéma : la facilité (elle est presque partout), la bêtise (elle n'est pas rare non plus), la prétention (elle est même assez bien vue), l'opportunisme (il est au goût du jour), et même le bâclage (qui est souvent excusé par les règles même de notre système de production).

Mais s'il y a une chose que la critique ne pardonne pas à un film québécois, c'est la vulgarité. Pourquoi? Peut-être parce qu'à l'heure où le Québec croit avoir atteint sa maturité et trouvé sa place dans le monde, la vulgarité lui rappelle douloureusement les amuseurs de son passé et les comédies de ses origines, bref, tout ce qu'il croit avoir dépassé et transcendé, et qui – éclatant au détour d'un fou rire vite réprimé, ou s'étirant malaisément le temps d'un embarras persistant – lui rappelle ce en quoi *il n'a pas changé...*

Comme le gros Bob, qui reste indécrottablement ce qu'il est peu importe ses mille et une transformations, la saga des *Gratton* est à la fois le miroir des transmutations aberrantes du Québec contemporain et le baromètre tragi-comique de ce qu'il a d'inaltérable.

La vulgarité des *Gratton* heurte violemment la critique (et au-delà de la critique, une bonne partie du public et de l'intelligentsia) parce qu'elle n'est pas la vulgarité banale de mille et une comédies légères (même s'il lui arrive parfois de la recouper), mais parce qu'elle est généralement celle, beaucoup plus brutale et dérangeante, d'un film qui nous renvoie le reflet de nos *Tannants* et de nos *Stars Académies*, de nos Gratton et de nos Chrétien, de notre confort et de notre indifférence, en somme du tout et rien identitaire, culturel et esthétique dans lequel baigne un peuple à mi-chemin entre l'éponge et le caméléon, qui ne peut désormais plus se divertir qu'en s'oubliant...

> « Si on n'en parle pas, c'est que ça n'existe pas... »
> – Alain Dubuc
> directeur de la formation à Radio-Cadenas
> dans *Elvis Gratton XXX : La Vengeance d'Elvis Wong*

Quand je vois *La Mémoire des anges*, le très beau film de Luc Bourdon, qui évoque à force d'images d'archives, l'esprit et l'apparence du Montréal des années 1950 et 1960, je me demande où les cinéastes de demain trouveront les images nécessaires à la confection des films qu'ils voudront réaliser sur *notre* époque?

Car ce qui frappe en voyant le film de Bourdon, c'est la réapparition de cette chose prise pour acquise depuis toujours mais qui a pourtant presque complètement disparu de nos écrans aujourd'hui : l'espace public, communautaire, partagé. Au point qu'on se demande où les archivistes de demain iront chercher les images de nos parcs, de nos usines, de nos travailleurs et de nos centres-villes? Dans les archives de l'ONF (qui ne tourne presque plus et désormais rarement dans la rue)? Dans nos films de fiction (qui sont généralement introspectifs et repliés sur eux-mêmes)? Ou encore dans nos documentaires (qui se bornent souvent à filmer des « têtes parlantes » et se heurtent aux dictats absurdes : voir « l'affaire Duclos », qui limitent le filmage de l'espace public, c'est-à-dire, pour parler moderne, commercial)?

Je n'en sais rien. Mais je soupçonne que là où quelqu'un comme Bourdon a dû passer trois ans à fouiller dans une masse d'images fantastiques témoignant d'un passé dûment vécu et enregistré, les cinéastes-archivistes de demain peineront sans doute à trouver deux heures d'images mémorables d'une époque, la nôtre, qui est si absente à elle-même qu'elle ne se filme plus qu'à travers les images fracturées des iPhones et des caméscopes de ses *consommateurs*...

Vous me direz : « Peut-être... Mais qu'est-ce que ça a à voir avec Falardeau et Elvis Gratton? » Pas grand-chose à première vue, mais peut-être beaucoup si on y regarde de plus près. Car en trois films, Falardeau a filmé les coulisses et le hors-champ de cette culture du déni, de ses décideurs (politiques et financiers) à ses manufactures de l'oubli (les médias). Il aura immortalisé les coulisses et le hors-champ d'une époque sans autre rêve que celui de l'Amérique, sans autre échange que celui du commerce, sans autre liberté que celle de l'entreprise; une époque si absente à elle-même qu'elle n'a ni souvenirs, ni même le goût d'en avoir, une époque qui ne cultive plus la mémoire mais l'oubli. Et qui, à force d'oublier son passé, semble condamnée à le répéter...

« La souveraineté n'est pas réalisable », dit Bouchard
Entête du *Devoir*, édition du 17 février 2010

« Quand le sage pointe la lune, le fou regarde le doigt. »
Proverbe chinois

C'est ironique (mais, en fait, peut-être pas tant que ça...) que le chef des soi-disant « Lucides » soit revenu sur la place publique pour enterrer la cause qu'il avait défendue dix ans plus tôt, à cause d'un quiproquo voulant que la chef du Parti québécois ait traité son frère d'Elvis Gratton... .

Que l'accusation soit fondée ou non (et l'Histoire ne s'en souciera guère...), il est stupéfiant de penser qu'une sortie aussi explosive et potentiellement lourde de conséquences puisse être possiblement justifiée par un prétexte aussi dérisoire. Et pourtant : près de trente ans après sa première apparition, Elvis Gratton est invoqué une fois de plus pour sonner le glas des « séparatisses » et rappeler le bon peuple au réalisme des « vraies affaires »...

Pour grotesque qu'il soit, l'incident est venu nous rappeler (d'une manière qui aurait sans doute amusé Falardeau autant qu'elle l'aurait enragé) le pouvoir persistant d'Elvis Gratton à choquer, autant les élites que la population, à gauche comme à droite, hier comme aujourd'hui. Révélateur des paradoxes de la société québécoise, et figure emblématique de ses contradictions, Gratton reste, et restera encore pour un bon moment, le symbole d'un malaise d'autant plus profond qu'on évite de le discuter et de le confronter.

Lorsqu'il est devenu clair que Pierre Falardeau ne gagnerait pas son ultime combat contre le cancer, et qu'il ne réaliserait pas les nombreux autres projets qu'il rêvait de porter à l'écran, je me souviens d'avoir éprouvé une tristesse (bien compréhensible) à l'idée qu'il allait mourir, mais aussi une autre (plus inavouable) à l'idée qu'il allait mourir en nous laissant *La Vengeance d'Elvis Wong* comme dernier film...

Aujourd'hui, il me semble au contraire que ce dernier baroud d'honneur, cet ultime traitement de choc, ce gigantesque « fuck you! » adressé à notre cinéma et à nous tous est l'adieu le plus parfait qu'il aurait pu laisser à un peuple à ce point aveugle à lui-même.

Car que reste-t-il à dire d'un peuple lorsque sa caricature relève du documentaire? Lorsque la comédie ne suffit plus à soulager le désespoir qu'il inspire? Lorsqu'il continue de choisir, comme le fou du proverbe, de regarder le doigt quand le sage pointe la lune?

Georges Privet

[1]Aux trois *Gratton*, j'ajouterais spontanément deux films de Denys Arcand, *Stardom* et *L'Âge des ténèbres,* œuvres tout aussi mal reçues, qui recoupent – par leur intérêt pour les médias, l'évolution de la société québécoise et la caricature documentaire – la trilogie falardienne. J'ajouterai aussi, loin derrière, *Le Voleur de caméra* de Claude Fortin et plus loin encore *Idole instantanée* d'Yves Desgagnés, deux films très différents mais tout aussi inégaux, qui ont au moins le mérite d'aborder quelques-uns des thèmes évoqués plus haut, même s'ils le font en mode mineur et de manière assez innocente...

[2]En entrevue à l'auteur, pendant le tournage de la série *Cinéma québécois*, diffusée à Télé-Québec en 2008.

[3]Entretien avec Pierre Falardeau et Julien Poulin, par Marco De Blois et Claude Racine, *24 images*, n⁰ 97, été 1999, p. 10.

[4]*Le Monde selon Elvis Gratton. Entretiens*, René Boulanger et Pierre Falardeau, Québec, Éditions du Québécois, 2009, p 42.

Discours lu par Jules Falardeau lors du dévoilement du monument funéraire à la mémoire de son père au cimetière Notre-Dame-des-Neiges, à Montréal, le 1er juin 2011.

Deux géants

« Déblayer pour reconstruire, sans savoir grand-chose
du monument futur sinon qu'il sera le plus beau,
cela s'appelle faire une révolution »
– Georges Bernanos

Mon père a dit un jour qu'il n'avait pas les moyens de se payer un « Armand Vaillancourt ». Tu l'as enfin aujourd'hui ton « Armand Vaillancourt ». Voilà pourquoi je te remercie Armand, au nom de la famille Falardeau, d'avoir mis ton travail, ton savoir-faire et ton génie pour souligner la mémoire de mon père.

En somme, un géant rend hommage à un autre géant. Pour moi, c'est aussi significatif que lorsque les muralistes mexicains Diego Rivera, Orozco et Siqueiros ont rendu hommage, en fresques, à des révolutionnaires comme Emiliano Zapata ou Pancho Villa[1]. Sauf que, pour une fois, l'Histoire se produit au Québec. Merci Armand.

Le parcours d'Armand Vaillancourt et celui de mon père sont quelque peu différents, mais se rejoignent au bout du compte. L'un par ses sculptures, l'autre par sa plume et sa caméra, ils ont passé leur vie à mettre leur art au service de la révolution. Ils se sont levés contre la tyrannie, l'impérialisme, le capitalisme barbare et ont mis tout leur génie en œuvre pour les peuples opprimés du monde, y compris le leur, le peuple québécois.

Deux géants, deux grands artistes, qui ont refusé de se mettre à genoux et de ramper pour goûter au succès matériel fourni par un pouvoir néocolonialiste qui récompense ainsi ses larbins les plus serviles. Ils ont préféré rester debout et se battre même si le contraire aurait certainement été plus facile. C'est justement pour ça qu'ils sont des hommes aussi admirables.

Aujourd'hui, alors que les peuples d'Amérique latine rejettent l'impérialisme étatsunien et mettent l'épaule à la roue pour construire une révolution bolivarienne et que les peuples du Moyen-Orient sont descendus dans les rues et ont bravé la répression politique et militaire, nous, Québécois, recevons toute une leçon de courage. Nous qui avons de la difficulté à nous rendre dans un bureau de vote pour y déposer un bulletin dans une urne. « C'est trop loin, y fait pas beau, c'est pas si pire que ça ». Toutes les excuses sont bonnes pour justifier notre paresse et notre lâcheté. Nous devons cesser de nous lamenter et plutôt nous lever debout, à l'image de Pierre, d'Armand et des peuples tunisien, égyptien, syrien, lybien[2], vénézuélien, bolivien, etc. La liberté ne se gagne pas assis devant un écran ou écrasé dans un sofa. La révolution n'est pas à la télévision ni sur twitter. La liberté se gagne à force de travail, de courage et de persévérance. La révolution réside dans le cœur et l'âme des peuples qui résistent.

Mon père avait un rêve. Armand Vaillancourt a un rêve. Vivre le Québec libre.

Je vous laisse sur ces deux citations :

« Politiser les masses, ce ne peut pas être faire un discours politique. C'est s'acharner avec rage à faire comprendre aux masses que tout dépend d'elles, que si nous stagnons, c'est de leur faute et que si nous avançons, c'est aussi de leur faute, qu'il n'y pas de démiurge, qu'il n'y a pas d'homme illustre responsable de tout, mais que le démiurge, c'est le peuple et que les mains magiciennes ne sont en définitive que celles du peuple. »
– Frantz Fanon

« Les impérialistes voient des extrémistes partout. Ce n'est pas que nous soyons des extrémistes. C'est que le monde se réveille. Et les gens se lèvent partout. »
– Hugo Chavez

Jules Falardeau

[1]Les muralistes mexicains n'ont jamais vraiment rendu hommage à Pancho Villa. Longue histoire. En 2011, je l'ignorais.

[2]À l'époque, les révolutions en Syrie et en Lybie paraissaient positives, du moins les médias impérialistes nous les ont fait passer pour telles. Ce n'est qu'un peu plus tard que j'ai compris qu'elles avaient été « commanditées » par l'Occident.

L'auteur est professeur retraité de philosophie, écrivain et éditeur. Les textes qui suivent, originaux et inédits, ont été composés pour ce recueil.

Trois portraits antifalardiens

Étant donné l'immense mépris que mon ami Pierre vouait à Jean Chrétien, à Lucien Bouchard et à Jean Charest, je me suis dis que tracer un portrait avantageux de ces trois cloportes de la politique ferait le plus grand bien à mes neurones, à mon entourage et aux lecteurs de cet ouvrage. L'art de la polémique et du pamphlet s'est quelque peu perdu de nos jours, les journalistes étant pour la plupart rivés à une morale de pacotille et à la fascination de la rectitude politique. Si quelqu'un se lève et dénonce haut et fort l'injustice, il est aussitôt rabroué pour avoir dépassé la mesure. Pierre Falardeau fut un prophète tant par ses apostrophes que par ses films, tant par son interrogation des choses que par son aptitude à repérer l'injustice et la compromission. Comme le prophète Jérémie, dont son plus jeune fils porte le nom (ce n'est pas un hasard), il a été conspué et même persécuté. Heureusement, il n'a pas fini dans un puits comme son illustre devancier! Il a même suscité l'admiration de ses frères et sœurs indépendantistes, ces gens qui, avec lui, avaient compris depuis longtemps que « la liberté n'est pas une marque de yogourt ». À ceux-là, il conseillait à la fois une détermination sans failles et une modération intelligente.

C'est dans cette optique que je propose ci-dessous les trois petits portraits déplaisants que j'ai mentionnés. Je les appelle *antifalardiens* pour signifier par là toute la distance qui sépare ces tristes personnages de la figure rayonnante de leur détracteur, cet homme généreux du nom de Pierre Falardeau.

Jean Chrétien, l'intègre

Comme tous les esprits totalitaires, Jean Chrétien ne tolère pas que l'on puisse douter de la droiture de ses intentions et du caractère cristallin de son âme. N'étant pas parvenu à convaincre l'odieux juge

Gomery, il s'est adressé aux tribunaux, dont les juges, nommés par lui ou par sa cohorte, ont été requis d'émettre un prononcé lui rendant justice. Récemment, trois humoristes de la Cour supérieure ont proclamé haut et fort, avec une rare complaisance, que le bon Monsieur Chrétien, et son complice, feu Pelletier, était un parangon de vertu et une âme d'une blancheur éclatante. Rien de moins. On se croirait en Russie, au Rwanda ou dans une de ces dictatures qui ont le sens inné de l'équité.

En entendant l'énoncé du jugement, je n'ai pu m'empêcher d'éclater de rire, tant la servilité de ces joyeux compères poussait le bouchon un peu loin. Puis, m'étant ressaisi, j'ai songé à ce vers sublime du grand Juvénal, que n'aurait pas dédaigné Bernard Landry : *Dat veniam corvis, vexat censura columbas* (« La justice accorde son pardon aux corbeaux et humilie les colombes »). On aura beau verser deux tonnes de peinture blanche sur l'âme dévastée de Jean Chrétien, rien n'y fera, elle restera perpétuellement noire, malsaine, tordue.

Je crains fort pour son salut éternel!

Lucien Bouchard, le dévoué

Quand j'étais beau, grand, jeune et fort, à l'époque où j'enseignais à Trois-Rivières, je me souviens avoir eu une discussion avec un prêtre que j'admirais beaucoup, l'abbé Léo Cloutier. Nous sortions d'une réunion où nous avions discuté de l'aide aux pauvres. Ce brave abbé, homme de vertu et d'une grande courtoisie, m'offrit de me raccompagner jusque chez moi. Quelle ne fut pas ma surprise de constater que sa voiture était une énorme Buick toute chromée. Je lui fis remarquer que c'était étonnant pour un prêtre de conduire un tel « char ». Il me répondit du tac au tac : « Mon cher Benoît, on n'est pas en Europe ici, les paroissiens aiment voir leur prêtre posséder une grosse voiture. » Je fus quelque peu estomaqué. Après quelques minutes de silence, je lui répondis : « D'accord, Monsieur l'abbé, mais iriez-vous rendre visite à vos pauvres de la rue Saint-Paul dans cette auto? » Je n'eus droit à aucune réponse. En fait, je l'attends toujours!

C'est à cela que je pensais récemment en voyant les seize charognards des droits de scolarité faire leur cinéma avec, à leur tête, le sinistre Lucien Bouchard, Monsieur Baboune, comme je l'appelle maintenant (ou l'homme-qui-ne-rit-jamais). Qui sont ces personnes? Quel est leur revenu annuel? 6 millions? 8 millions? Comment un homme qui gagne au bas mot un million de dollars par an, qui appartient à un riche bureau d'avocats, et qui se fait payer grassement ses médiations, peut-il faire la leçon à des étudiants pauvres en les invitant à s'appauvrir davantage? Il y a là quelque chose de franchement obscène. J'appliquerais volontiers à ce ramassis de grincheux moralistes le dicton bien connu : « Ce que tu es parle si fort que je n'entends pas ce que tu dis. »

Par ailleurs, c'est ignorer que, dans d'autres parties du monde tout aussi florissantes que la nôtre, on ne perçoit pas de frais de scolarité ou bien peu (la Suède, la Norvège, la France, la Belgique, les Pays-Bas, pour ne citer que quelques pays).

En réalité, les seize donneurs de leçons, et leurs épigones gouvernementaux, sont des nantis qui ne veulent pas qu'on touche à leur pognon, mais qui sont tout prêts à ce que l'on pioche dans la poche des autres. Chez eux, l'être se ramène au paraître. Du reste, il est bien connu que plus on est riche, moins on veut payer de taxes ou d'impôts.

Pour terminer, on pourrait, comme le faisait il y a quelque temps la journaliste Michèle Ouimet dans *La Presse*, rappeler à Baboune et à ses pieux acolytes, que lorsqu'ils étaient au pouvoir, ils n'ont rien fait pour corriger le tir du prétendu sous-financement des universités. Il faudrait aussi rappeler que c'est l'homme-qui-ne-rit-jamais qui a envoyé des milliers d'infirmières et de médecins à la retraite (ce dont il se vante aujourd'hui), qui a contingenté les admissions en médecine (avec la complicité sournoise de l'Ordre des médecins) et qui a empêché la ministre des Finances de l'époque d'augmenter la taxe de vente.

Laissons ces tristes individus pérorer, et occupons-nous de l'avenir du Québec. Ne touchons pas aux frais de scolarité, exigeons des institutions supérieures de ne pas vouloir jouer aux universités yankees (lesquelles, du reste, sont, pour une large part, en pleine déconfiture). Comme le disait quelqu'un que vous connaissez, on va toujours trop loin pour les gens qui ne vont nulle part. Aphorisme que je paraphraserais comme suit : on va toujours nulle part quand on prétend aller très loin. La véritable lucidité, c'est faire fi de l'idéologie ambiante et se laisser interpeller par une véritable intelligence des choses.

Et voici que Lucien le généreux nous revient avec sa croisade en faveur du gaz de schiste. Rien n'est trop beau pour ce chevalier du désintéressement. Selon lui, les Québécois doivent être réveillés et comprendre qu'il y va de leur intérêt bien compris de se lancer dans cette industrie exaltante. Il n'y a aucun danger, si ce n'est celui de perdre quelques milliards qui pourraient avantageusement combler le déficit de la santé ou de l'éducation, dont Lucien le justicier – on s'en souvient – nous avait par le passé affranchi.

Notre ami Baboune, de toute évidence, ne cherche que notre bien. C'est par pur altruisme qu'il entend nous convaincre, cela saute aux yeux. Il est à peine payé et nous promet que l'industrie qu'il représente avec dévouement ne pertubera ni notre environnement ni nos nappes phréatiques. Juré, promis. On sait à quel point Lucien tient ses engagements. Durant la campagne référendaire, il s'était efforcé de nous faire croire qu'il était indépendantiste, ou, au bas mot, souverainiste, ou, à tout le moins, autonomiste. Aujourd'hui, il est devenu une sorte de jovialiste qui nous promet des lendemains qui chantent, à condition de renoncer, comme le fait son ami, l'imbuvable Legault, aux querelles dites constitutionnelles et de se lancer à corps perdu dans la lucidité économique.

Cette frénésie bouchardienne repose sur un postulat douteux : la richesse d'une nation tient à ses ressources naturelles, qu'il faut impérativement exploiter. Si cet ancien premier ministre, un des moins drôles, avait un quart de bon sens, il saurait que ce qui fortifie un pays, c'est moins les exploitations minières ou les forages, pour ne pas parler des barrages hydroélectriques, que la solidarité, l'intelligence et la culture. Certains pays comme la Suisse ou le Luxembourg n'ont pas de grandes ressources minières, mais sont parmi les pays les plus riches au monde. Bien avant d'être des centres financiers, ils étaient des lieux de tourisme et d'ingéniosité.

Les Québécois ne veulent pas devenir un pays où prolifèrent les puits, les éoliennes et les travaux gigantesques. Ils se sentent plus heureux lorsque les choses sont simples et les projets à échelle humaine. Ils n'en ont rien à foutre de la lucidité et des donneurs de leçons. Par son moralisme, Lucien le triste se rapproche à grands pas d'un autre grand ténor de la pensée, un certain Claude Ryan, dont notre ami Falardeau, il y a quelques années, dénonçait avec vigueur le double langage et la démission cosmétique.

Il est grand temps qu'à 72 ans Lucien le désintéressé se taise, ou s'il veut continuer à s'exprimer (ce qui est bien son droit), qu'il nous parle du temps qu'il fait et des petits oiseaux qui gazouillent. Rappelle-toi, Lucien, ces vers d'Horace : *Ibam forte via Sacra, sicut meus est mos, nescio quid meditans nugarum, totus in illis* (« Je m'en allais à l'aventure sur la Voie Sacré, comme c'est mon habitude, ruminant je ne sais quelles futilités, et tout absorbé par elles »). Médite les joies de l'inexistence et le bonheur d'être oublié.

Jean Charest, le courageux, le juste

De courage il ne manque pas. Par exemple, il n'a pas hésité à intervenir auprès d'un juge pour favoriser un de ses protégés. Il n'hésite pas non plus, quand il le faut, à nommer un juge faisant partie de la famille. Quand il s'agit du gaz de schiste, il tient bon face à la horde des vociférateurs et des écolos de tous poils qui réclament un moratoire. Cet homme est un brave, un courageux, comme il ne s'en fait plus. Il impose l'anglais aux étudiants de sixième année afin qu'ils disposent, comme lui, d'une langue qu'ils pourront travestir, même si un grand nombre de ceux-ci ne sont pas prêts à le suivre ou en sont incapables. Qu'à cela ne tienne, on les forcera à se bilinguiser. Car, pour ce grand homme, tout Québécois devrait être bilingue, même si les 4/5 du Canada anglais n'en ont rien à cirer. C'est une question de principe et d'ouverture sur le monde, car chacun sait que l'humanité entière parle anglais. L'espagnol (500 millions de locuteurs), le portugais (200 millions de locuteurs) (pour rester en Amérique) et quelques autres petites langues du même genre sont sans importance. Et que dire de la place du Québec dans le Canada. Ce brave Monsieur John James défend becs et ongles les intérêts du Québec en fondant un Conseil de la fédération et en reportant *sine die* toute confrontation avec les autres premiers ministres. En fait, Monsieur John James n'est pas seulement un courageux, c'est aussi un juste, quelqu'un qui évite de faire face aux difficultés pour ne blesser personne. Sans se départir jamais de sa légendaire équanimité, il traite la population avec une grande bienveillance, cherchant à rendre à chacun ce qui lui est dû. Et comme ce sont les riches qui paient le plus de taxes, le très honorable John leur ristourne quelques petites réductions d'impôt pour rétablir l'équilibre, quand bien même ces enragés d'avortons syndicalistes ou gauchistes protesteraient. Il est parfaitement juste que les minables étudiants paient davantage et que les chefs d'entreprise nantis paient moins. C'est une question de justice. Il n'est tout de même pas normal que ces gens qui risquent leurs capitaux avec l'argent des autres soient pénalisés par l'État, tandis que les ouvriers ou les artistes gagnent grassement leur vie. Décidément, ce brave Monsieur Charest est la réincarnation de Salomon. Que tout cela se fasse par un endettement accéléré n'a aucune importance, puisqu'on finira tous par tomber en faillite. Oui, Monsieur John James Charest est un courageux et un juste. Une place de choix lui sera réservée dans les manuels d'histoire : la première. Celle du pire premier ministre que le Québec ait connu. Honneur donc à ce volatile insignifiant.

J'aurais pu également évoquer l'attendrissante figure de Robert Bourassa, toujours prêt à renoncer à ses droits et à se précipiter dans la couardise, celle, plus charmante encore, de Claude Ryan le ricaneur, au service de l'immobilisme et de la vindicte, celle non moins évocatrice de Daniel Johnson fils, dont le passage météorique fut d'un ennui pesant et d'une démission à toute épreuve. Mais je m'arrêterai ici, car je risquerais de m'épivarder. En fait, ce qu'il convient de rappeler, c'est la nécessité du courage, de l'abnégation, dont Pierre Falardeau fut le symbole. Ce n'est pas un hasard, si le petit peuple, qui ne doit rien à personne, avait pour lui vénération et estime. Il fut un grand patriote, un homme de cœur dont la parole servait et sert toujours de ralliement. Honneur à lui et à tous ceux qui luttent pour la vérité et la liberté.

Benoît Patar

L'auteur-compositeur-interprète Alexandre Belliard est le créateur du projet
Légendes d'un peuple, *dont l'objectif est de faire connaître l'histoire des*
francophones d'Amérique en chansons. En 2015, il s'inspire des films, des écrits
et des prises de parole de Pierre Falardeau afin de lui rendre cet hommage.

FALARDEAU – À force de courage

Oui, les bœufs sont lents, mais la terre est patiente
Oui, rien n'est plus précieux que l'indépendance
Et la liberté, et la liberté

Et ta voix *Speak White* dressée face aux bouffons
Au cœur de chaque image hisser le pavillon
De la liberté, de la liberté

Neruda et Miron pour tenir et résister
Continuer le combat et à force exister…

De tes rêves usés d'Octobre à Février
Des espoirs muselés, censurés, bâillonnés
Et la liberté, et la liberté

Marcher la Terre entière pour mieux la raconter
Toujours solidaire des peuples à libérer

La forêt pour refuge, à bûcher du silence
Des poèmes, des peintures pour apaiser l'urgence
À force de courage… à force de courage… un pays
Oui, rien n'est plus précieux que l'indépendance et la liberté,
et la liberté.

* * *

Paroles et musique : Alexandre Belliard

L'auteur est le fils cadet de Pierre Falardeau. C'est pour lui que le cinéaste a écrit sa célèbre « Lettre à Jérémie » en 1995. D'ailleurs, cette lettre de Falardeau à son fils a été gravée sur son monument funéraire. Ici, c'est le fils qui écrit à son père. Texte inédit, composé en 2012.

Salut le vieux!

Ça fait longtemps, trois ans déjà... Christ que ça passe vite! Ici, tu nous manques beaucoup. Pas juste à ta famille, mais au Québec tout entier. Sauf peut-être à quelques fédéralistes qui ne valent pas la peine d'être nommés...

Au début, j'ai eu beaucoup de mal à accepter ta mort. C'était comme irréel. J'ai d'abord ressenti une profonde tristesse, puis un immense soulagement parce que je savais que tu ne souffrirais plus. Lorsque je me sentais mal, je me mettais à penser aux meilleurs souvenirs que j'ai de toi. Nos balades en voiture où tu me racontais des histoires sur divers sujets, nos excursions en canot sur la rivière Missisquoi, nos promenades en ski de fond et tellement d'autres beaux souvenirs. Aussi, j'aime bien regarder de tes entrevues sur Internet pour entendre ta voix et te voir démolir ces personnes qui se prennent pour de grands penseurs. Je me considère très chanceux quand je pense à tous ceux qui ont perdu un proche et qui n'ont pas la possibilité de voir des entrevues et des vidéos sur le net.

Sinon, à la maison, tout va bien! J'ai reçu mon diplôme d'études secondaires et j'ai été accepté au Cégep du Vieux-Montréal en Sciences humaines – Questions internationales. D'ailleurs, je viens de finir ma session. Je passe dans tous mes cours, avec des résultats plus ou moins satisfaisants dans certains. Je crois qu'il me fallait une session pour m'ajuster, mais je vais devoir me forcer le cul pour la session prochaine. Celle qui vient de finir a été écourtée en raison de la grève étudiante contre l'augmentation des frais de scolarité qui a duré un peu plus de six mois! C'était très spécial de voir le peuple québécois se rassembler pour la cause et tenir tête à l'autorité. Je crois que tu aurais apprécié voir des jeunes de mon âge descendre dans les rues pour contester les décisions du gouvernement Charest. À ce propos, il y a eu des élections provinciales au mois de septembre qui se sont conclues par la victoire du Parti Québécois comme gouvernement minoritaire. Encore une fois, je crois que tu aurais été content, même s'il ne s'agit que d'une petite victoire sur le chemin de l'indépendance. Je me demande si on y arrivera un jour. C'est mon souhait le plus cher, mais je me demande si c'est réalisable. Mais comme tu me l'a dis dans ta lettre : « Ça ne pourra pas toujours ne pas arriver ». Cette phrase de Miron me donne de l'espoir. Parfois, je me sens impuissant face à la cause. Je n'ai que 18 ans et je ne sais pas trop comment m'y prendre pour faire ma part dans ce projet d'envergure. Pourtant, je souhaite consacrer ma vie à l'indépendance de mon pays. Pas seulement parce que tu le voulais, mais parce que je constate l'importance cruciale de l'indépendance pour la survie de la nation québécoise...

Aussi, j'ai rencontré une femme exceptionnelle. Elle s'appelle Fatima et elle est d'origine malienne. Elle a le plus beau sourire que j'ai jamais vu. Cela fait cinq mois que nous sommes ensemble et elle me permet de garder le sourire. J'aurais tellement aimé que tu la rencontres. Je suis sûr que tu l'aurais adorée!

Bref, tu nous manques à tous. J'essaie de prendre soin de Manon et de lui faciliter la tâche, mais des fois je trouve ça dur. Je te remercie pour tout ce que tu as fait pour nous. Je te remercie aussi de m'avoir foutu quelques coups de pied au cul de temps en temps, histoire de me donner une certaine discipline. Je crois que je ne t'ai jamais dit à quel point je tenais à toi et cela me ronge de l'intérieur. Il me reste tellement de choses à apprendre et j'aurais aimé que ce soit toi qui me transmettes tes connaissances. Mais bon. Je vais devoir être autonome et me débrouiller seul. Sur ce, on se revoit un jour là-haut. Merci p'pa, merci pour tout.

Ton fils,

Jérémie

Autres hommages

En 2011, à l'initiative de Chahnaz Chachoua et de collègues enseignants, émerge le projet de renommer l'école Louis-Joseph-Papineau à Montréal en l'honneur de Pierre Falardeau. Ci-dessous un communiqué émis à l'époque pour faire connaître le projet.

École secondaire Pierre-Falardeau?

En janvier dernier, alors que le personnel de l'école Louis-Joseph-Papineau, dans le nord-est de Montréal, était dans la réécriture de son projet éducatif en vue d'une revitalisation de l'établissement, il a été décidé de faire une demande de changement de nom (modification de l'acte d'établissement) pour accompagner la démarche en cours. Plus précisément, c'est en assemblée générale que les professeurs ont voté presque à l'unanimité en faveur de l'appellation École secondaire Pierre-Falardeau.

Monsieur Falardeau avait un lien très particulier avec l'école en question, car il y avait été invité à plusieurs reprises par la technicienne en loisir et par l'enseignant en histoire. C'est ainsi que monsieur Falardeau venait régulièrement répondre aux questions des élèves et du personnel à la suite de la projection de son film *15 février 1839* dans l'auditorium de l'école. Le personnel se rappelle encore de la générosité avec laquelle le défunt cinéaste, écrivain et anthropologue québécois répondait aux questions avec sincérité et passion et comment il restait jusqu'à ce que tout le monde ait eu la chance de lui parler. Monsieur Pierre Falardeau ne manquait pas d'épater les jeunes Québécois de toutes origines par sa grande culture générale et son érudition. C'est ainsi qu'il pouvait parler avec passion du combat des Patriotes et de la notion de liberté sous toutes ses formes tout en faisant des liens avec des personnes significatives pour son auditoire telles que Toussaint Louverture, Che Guevarra, Houari Boumedienne ou Pablo Neruda. De plus, on se rappelle encore le grand respect et le grand attendrissement avec lesquels il s'adressait aux jeunes de l'école en prenant soin de toujours choisir un français convenable.

Par ailleurs, le fait que monsieur Falardeau, qui défendait toujours les démunis, avait un attachement particulier à cette école située en milieu défavorisé et le fait que ses trois enfants aient complété leur scolarité dans une école secondaire du même quartier viennent soutenir le choix de nommer celle-ci École secondaire Pierre-Falardeau. Sans oublier que, lors des funérailles de monsieur Falardeau, son fils aîné n'a pas manqué de rappeler, avec beaucoup d'émotion, l'expérience de son père auprès des jeunes de cette même école.

Plus concrètement, à la suite de leur assemblée générale, les enseignants ont envoyé une première lettre de demande de modification de l'acte d'établissement à la présidente et au directeur général de la CSDM, le 20 janvier dernier. Puis, pour se conformer à la politique de dénomination des établissements scolaires adoptée par le Conseil des commissaires, les enseignants ont dû présenter leur demande au Conseil d'établissement de l'école, lequel a adopté avec enthousiasme la proposition et a redirigé la demande de changement de dénomination au directeur du réseau nord de la commission scolaire.

Alors que cette école est en plein essor et bouillonne de nouveaux projets, tels que l'ouverture probable d'une option cinéma, le personnel espère une réponse favorable à sa demande de changement de dénomination, demande qui est encore à l'étude, avant qu'elle ne soit mise à l'ordre du jour d'une séance du Conseil des commissaires.

Une rue et une place
Pierre-Falardeau à Montréal

La ville de Montréal, plus précisément l'arrondissement Rosemont–La Petite-Patrie (à l'initiative de son maire François Croteau), entend honorer la mémoire de Pierre Falardeau en nommant une rue du nom du cinéaste. Cette rue en forme de « U » inclura une place Pierre-Falardeau en son centre. On y érigera de nouvelles habitations (logements sociaux et logements pour personnes âgées). Elle sera située de manière adjacente à la rue Molson, entre le boulevard Saint-Joseph Est et la rue Masson. Le tout devrait être complété pour 2017. En outre, la place Pierre-Falardeau sera voisine d'une seconde nouvelle place, celle-là nommée en l'honneur d'un autre célèbre cinéaste, soit Michel Brault. À noter également que, dans les heures suivant le décès de Pierre Falardeau, un blogueur (Louis Préfontaine) avait mis en ligne une page facebook pour réclamer que la ville de Montréal renomme la rue Amherst en l'honneur du cinéaste. En moins d'une semaine, la page avait recueilli plus de 6 000 mentions favorables (« J'aime »).

Pour le dernier repos de Falardeau

On peut voir ci-dessous une photographie prise par Jules Falardeau du monument funéraire qui orne la tombe de son père au cimetière Notre-Dame-des-Neiges, à Montréal.

Sur une base ornée des empreintes des mains d'amis et des enfants de Pierre Falardeau, on peut observer à gauche la pierre tombale familiale qui prenait déjà place sur le lot et, à droite, une grande stèle où l'on retrouve la signature du cinéaste et son texte « Lettre à Jérémie ». L'œuvre est une création du sculpteur Armand Vaillancourt.

Fréquemment, des drapeaux du Québec et des fleurs sont déposés par des admirateurs au pied du monument.

Hommages anonymes dans la ville

En 2012, dans la foulée de la crise sociale du printemps, des graffitis présentant des citations et le portrait de Pierre Falardeau apparaissent à Montréal. Pierre Falardeau, qui appréciait cette forme d'expression populaire, aurait sans doute été touché par cela.

Photo : Manon Leriche

Photo : Salvadora Garcia

Falardeau : le documentaire

En 2011, un documentaire sur Pierre Falardeau, réalisé par Germãn Gutierrez et Carmen Garcia, sort en salles et connaît beaucoup de succès. Il sera d'ailleurs reconnu Meilleur documentaire au gala des prix Jutra. Ci-dessous, l'affiche du film (créée à partir d'une photo de Martin Leclerc).

Falardeau en BD

Une adaptation en bande dessinée du dernier scénario de Pierre Falardeau, Le Jardinier des Molson *(publié en livre aux Éditions du Québécois en 2012), projet de film non réalisé, a été faite par l'artiste Forg. On peut reconnaître Pierre Falardeau lui-même dans les traits du personnage principal. Ci-dessous une reproduction de la couverture.*

L'hommage du peuple

Lors de ses funérailles, le 3 octobre 2009, à Montréal, en l'église Saint-Jean-Baptiste, Pierre Falardeau recevra les hommages posthumes de nombreux Québécois venus témoigner de leur respect et de leur admiration pour le cinéaste. Des milliers de personnes étaient présentes. Ci-dessous une photo de la foule massée à l'avant de l'église.

Photo : Sylvain Laquerre

Table des matières

Mot de l'éditeur
La moindre des choses (Pierre-Luc Bégin)   5

Préface
« Je t'écris pour te dire que je t'aime » (Manon Leriche)   9

À Pierre Falardeau (Pierre Perrault)   13

Message du premier ministre (Jacques Parizeau)   15

Merci Falardeau (Francis Simard)   16

Lettre à Pierre Falardeau (André Trottier)   20

Quelqu'un qui se tient debout (Yves Trudel)   23

Un grand Patriote du Québec (Bernard Landry)   24

Pierre Falardeau, l'humaniste (René Boulanger)   27

[sans titre] (Michel Brault)   31

La mort d'un patriote (Josée Legault)   32

Premières réactions
au décès de M. Pierre Falardeau (François Avard)   33

À mort (Pierre-Luc Bégin)   35

Putain de mort (Jacques Lanctôt)   39

Cultiver le pays (Victor-Lévy Beaulieu)   41

Avec Falardeau dans les années 1970 (Pierre Dubuc)   42

Un combattant de la liberté (Pierre Schneider)   45

[lettre à Manon Leriche] (Léon Spierenburg)   47

Une voix authentique (Jean Royer)   50

Sa mort laisse un grand vide (J. René Marcel Sauvé)   52

Rendre hommage à l'auteur Pierre Falardeau
et offrir des condoléances à sa famille (Maka Kotto)   55

Pierre Falardeau, héraut intarissable! (Gérald Larose)   56

[lettre à Manon Leriche] (Robert Morin)   57

En hommage à Falardeau (Benjamin Tessier)   59

[lettre à Manon Leriche] (Michel Boujut)   62

[lettre à Manon Leriche] (Ivan Simonis)   63

[messages du groupe Acalanto]
(Carmen Pavez et Rafael Azócar)   64

Anthropologie de Pierre Falardeau (Paul Piché)   66

Un bon père et un grand patriote (Jules Falardeau)   67

[allocution lors des funérailles] (Julien Poulin)   72

Un homme debout (Guy Paiement, s.j.)   73

[allocution lors des funérailles] (Jean Falardeau)   75

À la mémoire d'un ami (Pierre Vadeboncoeur)   77

« Lève la tête, mon frère! » (Simon Beaudry)   81

Pour comprendre la colère (Bernard Émond)   85

[lettre à la famille] (Viviane et Luc Giguère)   88

Salut Pierre! (Patrick Bourgeois)   89

Un honnête homme (Pierre Foglia)   93

Cré Falardeau,
perturbateur jusque dans l'au-delà (Pierre Schneider)   97

[lettre à Manon Leriche] (Martin Duckworth)   99

[lettre à la famille] (Louis McComber)   100

Salut, le réalisateur nuancé! (Luc Picard)   103

Simplement libre (Alain Dion)   105

Hommage à Pierre Falardeau (Denis Trudel)   108

Pierre Falardeau, d'octobre en septembre (Georges Privet)   110

Servir (Bernard Émond)   123

La figure du héros
dans le cinéma de Falardeau (Mireille Lafrance)   125

Falardeau le combattant (René Boulanger)   143

Les Grattton 1, 2 et 3 : documentaires « sous-réalistes »
du Québec post-référendaire (Georges Privet)   160

Deux géants (Jules Falardeau)   173

Trois portraits antifalardiens (Benoît Patar)   176

FALARDEAU – À force de courage (Alexandre Belliard)   182

[lettre du fils au père] (Jérémie Falardeau)   183

Autres hommages

École secondaire Pierre-Falardeau?   187

Une rue et une place Pierre-Falardeau à Montréal   189

Pour le dernier repos de Falardeau   190

Hommages anonymes dans la ville   191

Falardeau : le documentaire   193

Falardeau en BD   194

L'hommage du peuple   195

Table des matières   197

Quelques titres des
Éditions du Québécois

BARRETTE, Yanick, *L'idéal républicain*, 2014.

BÉGIN, Pierre-Luc, *Loyalisme et fanatisme : petite histoire du mouvement orangiste canadien*, 2008.

BOULANGER, René, *La bataille de la mémoire*, 2007.

BOULANGER, René, *Théâtre de la résistance*, 2010.

BOURGEOIS, Patrick, *Le Canada, un État colonial!*, 2006.

CÔTÉ, Jacques, *L'ADQ, le bêtisier!*, 2008.

DUGUAY, Raôul, *Kébèk. Miroirs et mémoires*, 2010.

FALARDEAU, Pierre, *Le Jardinier des Molson*, 2012.

GAUTHIER, Serge, *Un Québec folklorique*, 2008.

JASMIN, Claude, *Claude Jasmin, le Québécois*, 2007.

LÉVESQUE, Raymond et RIVIÈRE, Sylvain, *L'Amérique est un mensonge*, 2007.

MONIÈRE, Denis, *25 ans de souveraineté : Histoire de la République du Québec*, 2006.

ROUSSEAU, Guillaume, *La nation à l'épreuve de l'immigration*, 2006.

SCHNEIDER, Pierre, *Paroles d'amour et de liberté*, 2007.

ZANETTI, Sol (dir.), *Le Livre qui fait dire oui*, 2015.

Les Éditions du Québécois...

la libération par la plume!

www.lequebecois.org

Achevé d'imprimer
sur les presses de Imprimerie H.L.N.
Sherbrooke, Québec
2016